改訂版

5時間で合格!

漢検［超頻出］ドリル 3級

岡野秀夫 著

高橋書店

5時間で合格！漢検3級［超頻出］ドリル 改訂版

もくじ

編集協力 文研ユニオン
シーティーイー
鷗来堂

と使い方

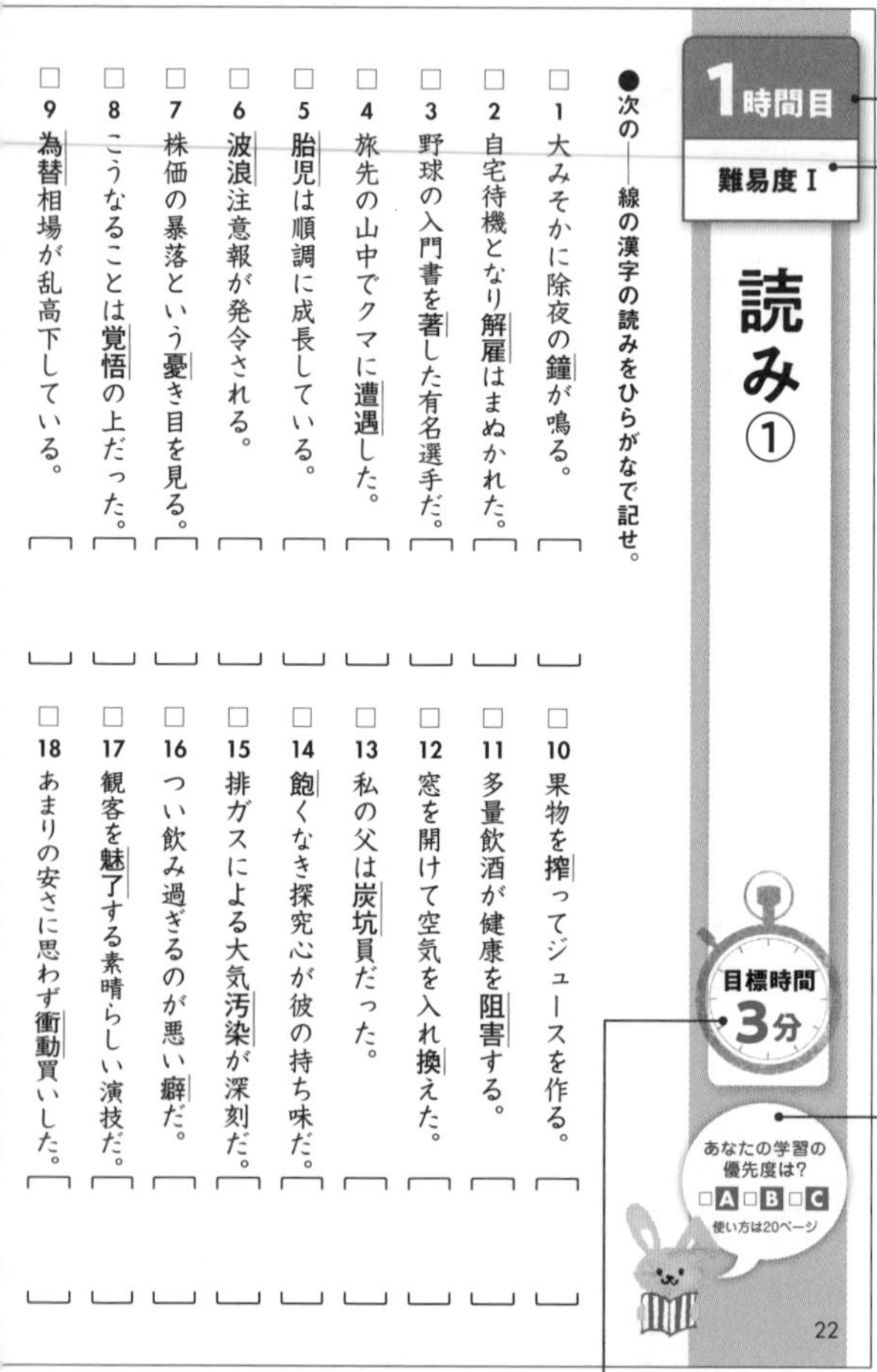

1時間目
難易度Ⅰ
読み①

●次の――線の漢字の読みをひらがなで記せ。

□ 1 大みそかに除夜の鐘が鳴る。
□ 2 自宅待機となり解雇はまぬかれた。
□ 3 野球の入門書を著した有名選手だ。
□ 4 旅先の山中でクマに遭遇した。
□ 5 胎児は順調に成長している。
□ 6 波浪注意報が発令される。
□ 7 株価の暴落という憂き目を見る。
□ 8 こうなることは覚悟の上だった。
□ 9 為替相場が乱高下している。
□ 10 果物を搾ってジュースを作る。
□ 11 多量飲酒が健康を阻害する。
□ 12 窓を開けて空気を入れ換えた。
□ 13 私の父は炭坑員だった。
□ 14 飽くなき探究心が彼の持ち味だ。
□ 15 排ガスによる大気汚染が深刻だ。
□ 16 つい飲み過ぎるのが悪い癖だ。
□ 17 観客を魅了する素晴らしい演技だ。
□ 18 あまりの安さに思わず衝動買いした。

目標時間 3分

あなたの学習の優先度は?
□A □B □C
使い方は20ページ

22

最短5時間で合格できる、最も効率的な学習法！ 1

1～5時間の授業形式。自分のレベルを意識しながら、短期集中での合格が可能です。

難易度順に進める！ 2

1125万件の学習データとバランスを考慮して、難易度Ⅰ～Ⅳのレベルに分類されています。

自分の弱点を知って効率よく勉強できる！ 3

20ページの「弱点発見シート」で自分の苦手な分野がわかります。苦手な分野を優先して勉強することで、短時間で効率よく合格に近づけます。

見開き10分以内で解ける！ 4

一問一答式、赤チェックシート対応。飽きずに適度なスピード感で学習できます。

	得点	基準点	基準点との差	学習優先度
1 読み	19/30	21	-2	□A ☑B □C
2 同音・同訓異字	24/30	21	+3	□A ☑B □C
3 漢字識別	10/10	7	+3	□A ☑B □C
4 熟語の構成	10/20	14	-4	☑A □B □C

本書の特長

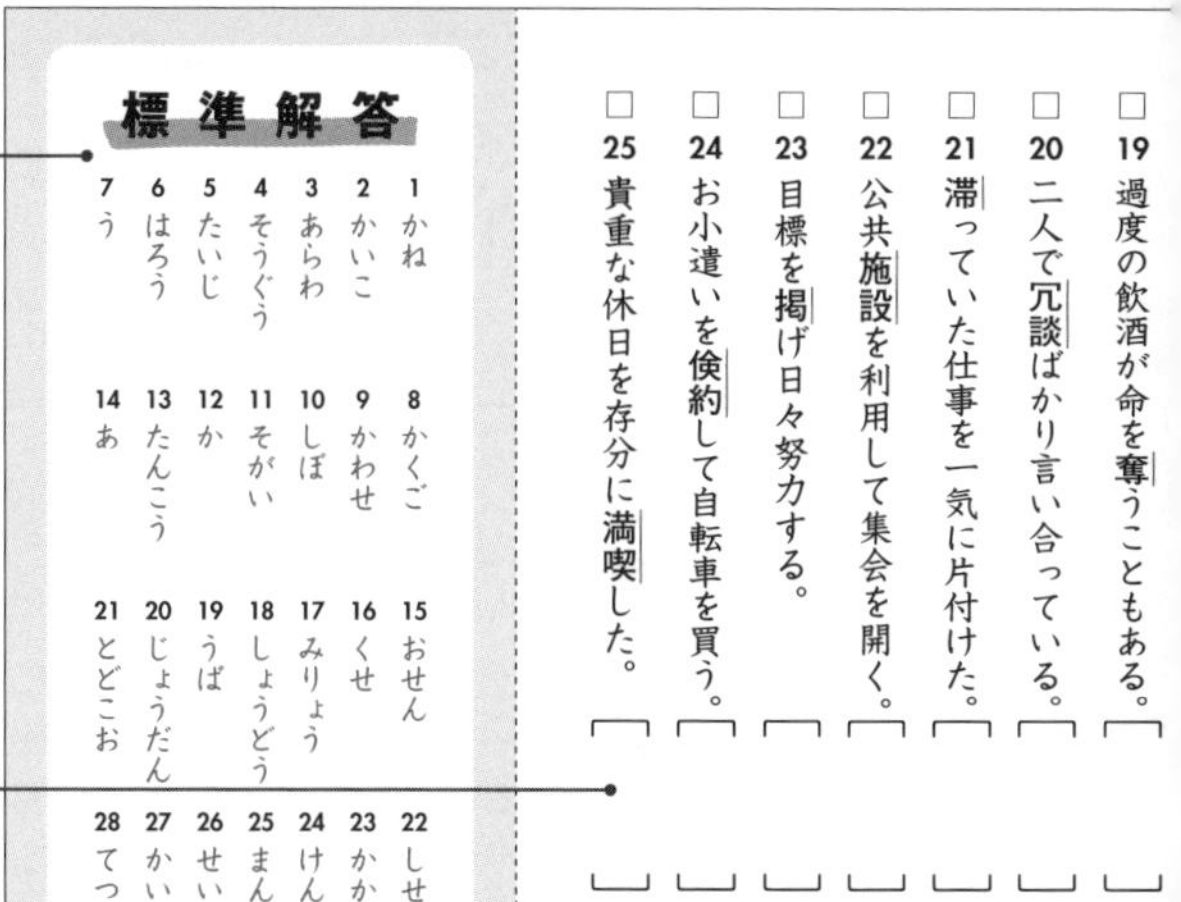

19 過度の飲酒が命を奪うこともある。

20 二人で冗談ばかり言い合っている。

21 滞っていた仕事を一気に片付けた。

22 公共施設を利用して集会を開く。

23 目標を掲げ日々努力する。

24 お小遣いを倹約して自転車を買う。

25 貴重な休日を存分に満喫した。

26 工芸品の精巧な作りに感心する。

27 先祖が開墾した土地を受け継ぐ。

28 東洋哲学に興味がある。

29 地元の橋の補修工事を請け負う。

30 大雪で高速道路が封鎖された。

31 好天の下、バザーが開催された。

32 明るい音楽を聴いて気を紛らす。

標準解答

1 かね　2 かいこ　3 あらわ　4 そうぐう　5 たいじ　6 はろう　7 う

8 かくご　9 かわせ　10 しぼ　11 そがい　12 か　13 たんこう　14 あ

15 おせん　16 くせ　17 みりょう　18 しょうどう　19 うば　20 じょうだん　21 とどこお

22 しせつ　23 かか　24 けんやく　25 まんきつ　26 せいこう　27 かいこん　28 てつがく

29 う　30 ふうさ　31 かいさい　32 まぎ

6 波浪《はろう》→波のこと。

7 憂《う》き→つらいこと。

17 魅了《みりょう》→人の心を引きつけること。

25 満喫《まんきつ》→心ゆくまで楽しむこと。

26 精巧《せいこう》→細工が細かく上手であること。

23　点線で折り、解答を隠しても使えます！

書き込んでも、チェックシートでも！ 6

「答えをしっかり書きたい人」「書くのは面倒なので赤シートで答えを隠しながら学習したい人」のどちらにも対応。また、解答部分を折って隠しても使えます！

巻末スピードチェックも充実！ 7

巻末には「補習授業」を収録。さらに合格を確実なものにしたい人のための「新出配当漢字対策」と、試験直前に使える「[出る順] ランキング」の2部構成です。

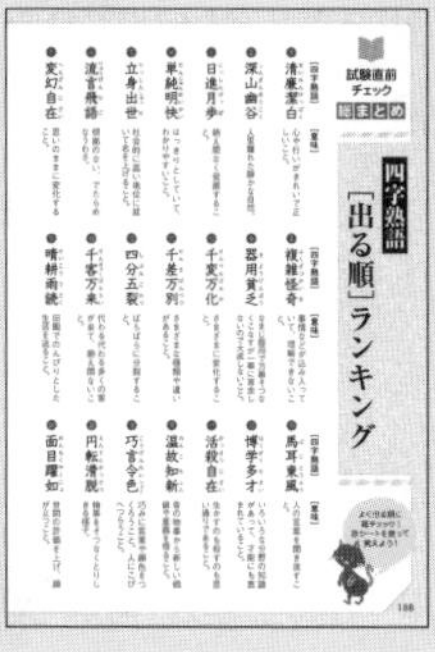

合格に必要な“頻出”漢字を厳選！ 5

過去10年分の試験を徹底分析し、頻出している約2500問を厳選して収録!! 熟語の意味の解説も充実。

漢字検定の受検ガイド

出題内容

級＼内容	読み	書き取り	部首	送りがな	対義語・類義語	同音・同訓異字	誤字訂正	四字熟語	熟語の構成
2級	対象漢字数：**2136**字（すべての常用漢字）								
準2級	対象漢字数：**1951**字（常用漢字）								
3級	対象漢字数：**1623**字（常用漢字）								

おもな申し込み方法

① インターネット

協会のホームページ(https://www.kanken.or.jp/)から申し込むことができます。クレジットカード決済、コンビニ決済などが可能です。

② コンビニエンスストア

コンビニエンスストアにある端末機で申し込み、レジで検定料を支払います。ローソンの「Loppi」、ミニストップの「MINISTOP Loppi」、セブン-イレブンの「マルチコピー」、ファミリーマートの「マルチコピー」などが対応しています。

出題内容や実施要項は変更される場合もあります。ホームページなどで必ず確認しましょう。

実施要項

1 受検資格

希望者はだれでも受検することができます。志願者が一定以上まとまる場合は、団体申し込みが可能です。

2 受検申し込み期間

- 受付期間内（検定の約３か月前〜１か月前まで）に協会に届くようにします。
- 申し込み後の変更について　申し込み後の受検希望級の変更や受検会場の変更、受検料の返金はできません。

3 検定実施時期

原則として年３回実施されます。

- 第１回　６月中の日曜日
- 第２回　10月中の日曜日
- 第３回　翌年の１月もしくは２月中の日曜日

※漢検ＣＢＴは、検定日に限らず実施されています。

4 検定実施会場

全国主要都市で行われています。実施地区は検定の回ごとに決定されます。

5 検定時間

60分

※検定時間が異なれば、２つ以上の級を受検することができます。

6 検定当日の注意事項

- 持参するもの…受検票、鉛筆（ＨＢ、Ｂ、２Ｂの鉛筆またはシャープペンシル）、消しゴム。ボールペン、万年筆は使用不可。
- 当日は、開始15分前には会場に入場する。

7 合格基準

- ２級……２００点満点のおよそ80％（１６０点前後）
- 準２級…２００点満点のおよそ70％（１４０点前後）
- ３級……２００点満点のおよそ70％（１４０点前後）

8 合否通知

検定日の約40日後に、合格者には合格証書と合格証明書、受検者全員に検定結果通知が郵送されます。

▼試験についての問い合わせ先

公益財団法人 日本漢字能力検定協会
〒605-0074　京都市東山区祇園町南側551番地
フリーダイヤル　0120-509-315（無料）
ホームページ　https://www.kanken.or.jp/

※実施要項、申し込み方法などは変わる場合があります。
※出題分野・内容等は変わる場合があります。
※実際に出題された内容は『漢検 過去問題集』（公益財団法人 日本漢字能力検定協会発行）を参照ください。
※本書記載の内容は制作時点のものです。受検される際は、必ずご自身で公益財団法人 日本漢字能力検定協会の発表する最新情報をご確認ください。

出題傾向と学習のポイント

ジャンル	配点	出題内容と傾向	学習のポイント
読み	30点（1点×30問）	●3級新出配当漢字（284字）からの出題が中心 ●「小豆（あずき）」などの熟字訓や、小学校で習う漢字で、その読みを中学で習うものについても出題される	●3級対象漢字1623字のうち、特に3級新出配当漢字の読みを確認しよう ●中学校で習う読み（衣や遺言など）や熟字訓・当て字を読めることも大切
同音・同訓異字	30点（2点×15問）	●3つの短文中、同じ読みのカタカナに当てはまる漢字を、選択肢から選ぶ ●二字熟語のうちの漢字一字を問うものと、訓読みの漢字一字を問うものがある	●二字熟語のうちの漢字一字を問うものが多いので、特に同音異義の漢字はチェックしておこう ●出題数は15問で30点と配点が高いので、取りこぼしのないように学習しておこう
漢字識別	10点（2点×5問）	●3つの熟語に共通する漢字一字を選択肢から選ぶ ●3級新出配当漢字からの出題が多い	●意味がわからない二字熟語があったら、必ず読みと意味を確認するようにしよう ●5問の出題に対して選択肢は10個あるので、迷わず選べるように、二字熟語に慣れておくことも大切
熟語の構成	20点（2点×10問）	●二字熟語の意味の理解度が問われる ●3級新出配当漢字を使った熟語が出題されることが多い	●二字熟語の意味や、漢字一字の意味も覚えておこう ●熟語を、出題される5パターンに分類するくせをつけよう

出題内容などは変更される場合もあります。ホームページなどで必ず確認しましょう！

部首	10点 （1点×10問）	●4つの選択肢から部首を選ぶ問題 ●10問中、約8割が3級新出配当漢字（284字）からの出題	●漢字そのものは易しくても、部首がわかりにくい漢字はまとめて覚えておこう ●部首名は問われないが、部首名とセットで覚えると暗記しやすくなる
対義語・類義語	20点 （2点×10問）	●ひらがなの選択肢から、対応する語を選んで対義語・類義語の二字のうち一字を漢字に直す ●対義語5問、類義語5問が出題される	●練習問題を解きながら、熟語の意味も覚えておこう ●対義語・類義語はひとつとは限らないので、漢字そのものの意味を確認しておくことも役立つ
送りがな	10点 （2点×5問）	●短文中のカタカナを漢字一字と送りがなに直す問題	●語幹の長い漢字（「企てる」など）や複数の読みのある漢字は、送りがなを確認しておこう
四字熟語	20点 （2点×10問）	●短文中の四字熟語のうち、カタカナ部分二字を漢字に直す問題	●四字熟語を書くだけでなく、正しく読めるようにしておくことが大切 ●短文中に出題される形式なので、四字熟語の意味を理解しておくと早く正解を導き出すことができる
誤字訂正	10点 （2点×5問）	●短文中の二字熟語のうち、一字を訂正する問題が多い ●短文の長さは30～35字	●「誤字訂正」は、同音・同訓異字の漢字の誤りを見つけて正すということを覚えておこう ●何気なく短文を読んだだけでは誤りを見逃しやすいので、文中の漢字一字一字をチェックしよう
書き取り	40点 （2点×20問）	●小学校で習う「学習漢字」からの出題も多い ●熟字訓や当て字も出題される	●字形の似ている漢字（「徹と撤」など）はしっかり区別して書けるようにしておこう ●読みだけでなく、問題文の意味をつかむことも必要 ●配点が最も高い分野なので、しっかり準備しておこう

弱点発見テスト

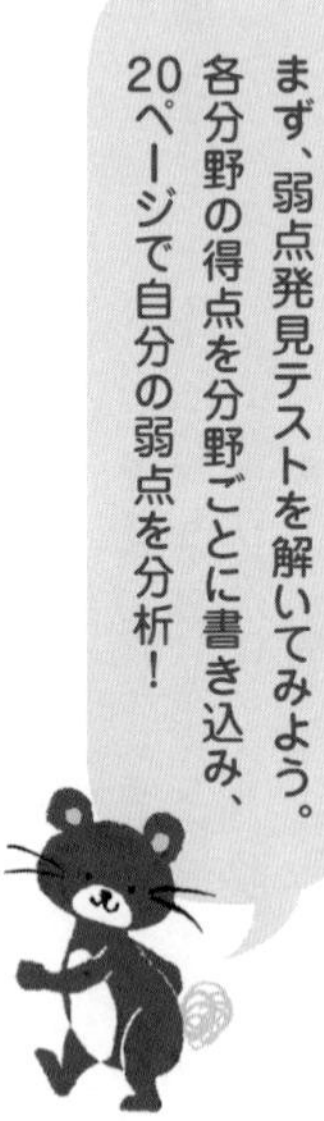
まず、弱点発見テストを解いてみよう。各分野の得点を分野ごとに書き込み、20ページで自分の弱点を分析！

総合点

／200

※実際の試験形式と異なる場合があります。実力チェック用としてお使いください。

1 読み

次の――線の漢字の読みをひらがなで記せ。

□ 1 従順で賢い犬を飼っている。〔　　〕

□ 2 富士山は霊峰の一つである。〔　　〕

□ 3 スープにうまみが凝縮されている。〔　　〕

□ 4 地元猟師の案内で山道を行く。〔　　〕

□ 5 茂みから動物が突如飛び出した。〔　　〕

□ 6 あと一歩のところで栄冠を逃した。〔　　〕

□ 7 老婆が公園で散歩している。〔　　〕

□ 8 長い歳月を経て湿原が形成された。〔　　〕

□ 9 一雨降って畑がみるみる潤う。〔　　〕

□ 10 よい歌には人を励ます力がある。〔　　〕

□ 11 食欲を抑制するのは難しい。〔　　〕

□ 12 先輩の動きを模倣して練習する。〔　　〕

□ 13 敵を欺いて勝利を得た。〔　　〕

□ 14 古物商の主人の審美眼は鋭い。〔　　〕

□ 15 潜在意識が警鐘を鳴らした。〔　　〕

□ 16 スキーツアーへの参加者を募る。〔　　〕

各1点×30

／30

□ 17 憎らしいほどよい出来栄えだ。［　　］

□ 18 盛大な新人歓迎会を催した。［　　］

□ 19 手分けして文書の校閲をする。［　　］

□ 20 危険を伴う作業に緊張が高まる。［　　］

□ 21 往来に不便で陸の孤島と呼ばれる。［　　］

□ 22 過去の習慣に縛られる必要はない。［　　］

□ 23 久しぶりに年賀状の版画を彫った。［　　］

□ 24 両手に大荷物を提げて帰ってきた。［　　］

□ 25 土砂崩れで裏の倉庫が埋没した。［　　］

□ 26 職人が道具を巧みに使いこなす。［　　］

□ 27 不利な状勢にやむなく譲歩する。［　　］

□ 28 医療費の控除を自治体に申請する。［　　］

□ 29 穏健な思想をもつ学者だ。［　　］

□ 30 太平洋側は温暖湿潤気候だ。［　　］

2 同音・同訓異字

次の――線のカタカナに当てはまる漢字をそれぞれのア～オから一つ選び、記号を記せ。

各2点×15　／30

□ 1 ロウ下を走って注意を受けた。［　　］

□ 2 ロウ電事故の防止に知恵を絞る。［　　］

□ 3 放ロウ詩人として全国を歩き回る。［　　］

（ア浪　イ廊　ウ漏　エ朗　オ楼）

□ 4 委タク販売の手数料を納める。［　　］

□ 5 二者タク一の問題を全部正解した。［　　］

□ 6 タク越した能力で仕事をこなす。［　　］

（ア託　イ卓　ウ拓　エ沢　オ択）

□ 7 二国間で平和条約がテイ結された。［　］
□ 8 内容の誤りを改テイする。［　］
□ 9 テイ当権を設定する手続きをとる。［　］
（ア帝　イ抵　ウ締　エ訂　オ体）

□ 10 突然の知らせを聞いて動ヨウした。［　］
□ 11 再会を果たし、固く抱ヨウした。［　］
□ 12 わかりやすく抑ヨウをつけて話す。［　］
（ア様　イ謡　ウ揚　エ揺　オ擁）

□ 13 ショウ点を絞って議論を展開する。［　］
□ 14 文壇の巨ショウとまで呼ばれた。［　］
□ 15 飛行機が上ショウ気流に乗る。［　］
（ア焦　イ笑　ウ掌　エ昇　オ匠）

3 漢字識別

各2点×5　／10

三つの□に共通する漢字を［　］の中から選んで熟語を作り、記号で記せ。

□ 1 □下・野□・□劣［　］
□ 2 □迫・□張・□縮［　］
□ 3 □墜・衝□・追□［　］
□ 4 □食・□野・□暴［　］
□ 5 陰□・□略・共□［　］

ア 緊　イ 卑　ウ 粗　エ 謀　オ 霊
カ 瀬　キ 撃　ク 墾　ケ 牲　コ 郭

4 熟語の構成

熟語の構成には、次のようなものがある。

ア 同じような意味の字を重ねたもの　（例　岩石）
イ 反対または対応の意味を表す字を重ねたもの　（例　高低）
ウ 上の字が下の字を修飾しているもの　（例　洋画）
エ 下の字が上の字の目的語・補語になっているもの　（例　着席）
オ 上の字が下の字の意味を打ち消しているもの　（例　非常）

次の熟語は上のア～オのどれに当たるか、一つ選んで記号を記せ。

各2点×10　／20

□ 1 聴講〔　〕
□ 2 翻意〔　〕
□ 3 濃淡〔　〕
□ 4 佳作〔　〕
□ 5 墜落〔　〕
□ 6 怪獣〔　〕
□ 7 討伐〔　〕
□ 8 未完〔　〕
□ 9 幼稚〔　〕
□ 10 締結〔　〕

5 部首

次の漢字の部首をア〜エから一つ選び、記号を記せ。

□ 1 顧（ア貝　イ頁　ウ戸　エ隹）［　］

□ 2 企（ア止　イ𠆢　ウト　エ一）［　］

□ 3 欲（ア口　イ欠　ウ人　エ谷）［　］

□ 4 罰（ア罒　イ口　ウリ　エ言）［　］

□ 5 匠（アノ　イ斤　ウ匚　エ一）［　］

□ 6 凝（ア冫　イ匕　ウ⻊　エ矢）［　］

□ 7 斥（ア丨　イ丶　ウノ　エ斤）［　］

□ 8 励（アノ　イ刀　ウ厂　エ力）［　］

□ 9 乳（ア⺤　イ子　ウノ　エし）［　］

□ 10 岳（ア一　イノ　ウ山　エ斤）［　］

各1点×10

／10

6 対義語・類義語

各2点×10　／20

次の□の中の語を一度だけ使って漢字に直し、対義語・類義語を記せ。

対義語

□ 1 浪費―□約

□ 2 率先―□随

□ 3 栄達―零□

□ 4 栄誉―恥□

□ 5 虚像―□像

類義語

□ 6 日月―□陰

□ 7 順序―次□

□ 8 容赦―勘□

□ 9 音信―消□

□ 10 重体―□篤

き・こう・じつ・じょく・せつ・そく・だい・つい・べん・らく

7 送りがな

各2点×5　／10

次の――線のカタカナを漢字一字と送りがな（ひらがな）で記せ。

〈例〉問題にコタエル。［答える］

□ 1 力自慢で次々と相手をマカス。［　　］

□ 2 外からホガラカな歌声が聞こえる。［　　］

□ 3 彼はココロヨク仕事を引き受けた。［　　］

□ 4 署名が本物かどうかウタガワシイ。［　　］

□ 5 知人から大切な荷物をアズカッた。［　　］

8 四字熟語

次の——線のカタカナを漢字で記せ。

各2点×10　／20

□ 1 実益も兼ねて一挙リョウトクだ。〔　　〕

□ 2 人から何を言われてもバジ東風だ。〔　　〕

□ 3 フクザツ怪奇な手順を簡素化する。〔　　〕

□ 4 立身シュッセを夢見て努力する。〔　　〕

□ 5 清廉ケッパクが彼の政治信念だ。〔　　〕

□ 6 キュウテン直下、中止が決まった。〔　　〕

□ 7 時代と共にセンペン万化する。〔　　〕

□ 8 百点を取ったと、得意マンメンだ。〔　　〕

□ 9 いつものビジ麗句に食傷している。〔　　〕

□ 10 彼の主張は、まさにガデン引水だ。〔　　〕

9 誤字訂正

次の文中に間違って使われている同じ音訓の漢字が一字ある。その誤字と正しい漢字を記せ。

各2点×5　／10

□ 1 有名企業の社長から格闘家、役者、学生まで、他彩な顔ぶれが集合した。〔　↓　〕

□ 2 安全確認が済み、事故調査委員は運転再開に支傷はないと発表した。〔　↓　〕

□ 3 初対面の人々が集団で行動すると、調制役の人が自然発生的に出てくる。〔　↓　〕

□ 4 中元と歳暮に恩人へ贈答品を渡す習観は、以前より少なくなっている。〔　↓　〕

□ 5 温室攻果ガス削減のためには、政府だけでなく国民の意識改革が必要だ。〔　↓　〕

10 書き取り

次の――線のカタカナを漢字に直せ。

1 台風が日本列島をタテに貫いた。

2 コメダワラを軽々と持ち上げる。

3 お盆に家族でハカマイりに行く。

4 予想とイチジルしく異なった。

5 バイオリンをガリュウで練習する。

6 上司の指示にシタガって行動する。

7 職人にはゲンミツさが求められる。

8 軽口が思わぬワザワいを招いた。

9 息子に経営の一切をマカせる。

10 ユルんだ気持ちを引き締める。

11 首相が諸外国をレキホウする。

12 モゾウ品でないか確認する。

13 雪道に足を取られてスベった。

14 積極的なシセイを保つのが大事だ。

15 親にソムいて一人暮らしを始めた。

16 意見が分かれトウロンは白熱した。

17 商品取り扱いのホソク説明をする。

18 著名人のオい立ちを調べる。

19 散らかった部屋をカタヅける。

20 地表の水が暑さでジョウハツする。

各2点×20

／40

弱点発見テスト

標準解答

1 読み

各1点×30

1	かしこ
2	れいほう
3	ぎょうしゅく
4	りょうし
5	とつじょ
6	えいかん
7	ろうば
8	しつげん
9	うるお
10	はげ
11	よくせい
12	もほう
13	あざむ
14	しんびがん
15	せんざい
16	つの
17	にく
18	もよお
19	こうえつ
20	ともな
21	ことう
22	しば
23	ほ
24	さ
25	まいぼつ
26	たく
27	じょうほ
28	しんせい
29	おんけん
30	しつじゅん

2 同音・同訓異字

各2点×15

1	イ
2	ウ
3	ア
4	ア
5	オ
6	イ
7	ウ
8	エ
9	イ
10	エ
11	オ
12	ウ
13	ア
14	オ
15	エ

3 漢字識別

各2点×5

1	イ
2	ア
3	キ
4	ウ
5	エ

4 熟語の構成

各2点×10

1	エ
2	エ
3	イ
4	ウ
5	ア
6	ウ
7	ア
8	オ
9	ア
10	ア

5 部首

各1点×10

1	2	3	4	5	6	7	8	9	10
イ	イ	イ	ア	ウ	ア	エ	エ	エ	ウ

6 対義語・類義語

各2点×10

1	2	3	4	5	6	7	8	9	10
節	追	落	辱	実	光	第	弁	息	危

7 送りがな

各2点×5

1	2	3	4	5
負かす	朗らか	快く	疑わしい	預かっ

8 四字熟語

各2点×10

1	2	3	4	5	6	7	8	9	10
両得	馬耳	複雑	出世	潔白	急転	千変	満面	美辞	我田

9 誤字訂正

各2点×5

1	2	3	4	5
他↓多	傷↓障	制↓整	観↓慣	攻↓効

10 書き取り

各2点×20

1	2	3	4	5	6	7	8	9	10
縦	米俵	墓参	著	我流	従	厳密	災	任	緩

11	12	13	14	15	16	17	18	19	20
歴訪	模造	滑	姿勢	背	討論	補足	生	片付	蒸発

弱点発見シート

弱点発見テストの各分野の得点を、左の表に書き込んで、弱点を分析しましょう。Aはあなたが苦手な分野で、学習優先度が最も高いことを表します。効率のよい合格を目指すなら、Aの分野から集中的に学習するのもよいでしょう。

	得点	基準点	基準点との差	学習優先度
1 読み	／30	21		□A □B □C
2 同音・同訓異字	／30	21		□A □B □C
3 漢字識別	／10	7		□A □B □C
4 熟語の構成	／20	14		□A □B □C
5 部首	／10	7		□A □B □C
6 対義語・類義語	／20	14		□A □B □C
7 送りがな	／10	7		□A □B □C
8 四字熟語	／20	14		□A □B □C
9 誤字訂正	／10	7		□A □B □C
10 書き取り	／40	28		□A □B □C

自分の得点から基準点を引いた数値が、基準点との差です。例えば、1 読みの得点が18点なら、基準点21との差が－３となります。

基準点との差が
- **－4以下の場合 → 優先度 A**
- **－３ ～＋3の場合 → 優先度 B**
- **＋4以上の場合 → 優先度 C**

学習優先度がわかったら、各分野の見出し下の ABC にチェックを入れておきましょう。

自分の学習優先度を書いておこう！

あなたの学習の優先度は？
□A □B □C

1 時間目

難易度 I

1時間目は、合格のためには必ず押さえておきたい基本問題です。
全部解けるようにしましょう。

1時間目

難易度Ⅰ

読み①

目標時間 3分

あなたの学習の優先度は？

□A □B □C

使い方は20ページ

●次の――線の漢字の読みをひらがなで記せ。

□ 1 大みそかに除夜の鐘が鳴る。〔　〕

□ 2 自宅待機となり解雇はまぬかれた。〔　〕

□ 3 野球の入門書を著した有名選手だ。〔　〕

□ 4 旅先の山中でクマに遭遇した。〔　〕

□ 5 胎児は順調に成長している。〔　〕

□ 6 波浪注意報が発令される。〔　〕

□ 7 株価の暴落という憂き目を見る。〔　〕

□ 8 こうなることは覚悟の上だった。〔　〕

□ 9 為替相場が乱高下している。〔　〕

□ 10 果物を搾ってジュースを作る。〔　〕

□ 11 多量飲酒が健康を阻害する。〔　〕

□ 12 窓を開けて空気を入れ換えた。〔　〕

□ 13 私の父は炭坑員だった。〔　〕

□ 14 飽くなき探究心が彼の持ち味だ。〔　〕

□ 15 排ガスによる大気汚染が深刻だ。〔　〕

□ 16 つい飲み過ぎるのが悪い癖だ。〔　〕

□ 17 観客を魅了する素晴らしい演技だ。〔　〕

□ 18 あまりの安さに思わず衝動買いした。〔　〕

□ 19 過度の飲酒が命を奪うこともある。

□ 20 二人で冗談ばかり言い合っている。

□ 21 滞っていた仕事を一気に片付けた。

□ 22 公共施設を利用して集会を開く。

□ 23 目標を掲げ日々努力する。

□ 24 お小遣いを倹約して自転車を買う。

□ 25 貴重な休日を存分に満喫した。

□ 26 工芸品の精巧な作りに感心する。

□ 27 先祖が開墾した土地を受け継ぐ。

□ 28 東洋哲学に興味がある。

□ 29 地元の橋の補修工事を請け負う。

□ 30 大雪で高速道路が封鎖された。

□ 31 好天の下、バザーが開催された。

□ 32 明るい音楽を聴いて気を紛らす。

標準解答

1 かね
2 かいこ
3 あらわ
4 そうぐう
5 たいじ
6 はろう
7 う
8 かくご
9 かわせ
10 しぼ
11 そがい
12 か
13 たんこう
14 あ
15 おせん
16 くせ
17 みりょう
18 しょうどう
19 うば
20 じょうだん
21 とどこお
22 しせつ
23 かか
24 けんやく
25 まんきつ
26 せいこう
27 かいこん
28 てつがく
29 う
30 ふうさ
31 かいさい
32 まぎ

6 波浪《はろう》→波のこと。
7 憂《う》き→つらいこと。
17 魅了《みりょう》→人の心を引きつけること。
25 満喫《まんきつ》→心ゆくまで楽しむこと。
26 精巧《せいこう》→細工が細かく上手であること。

点線で折り、解答を隠しても使えます!

読み②

あなたの学習の優先度は？
□A □B □C
使い方は20ページ

●次の――線の漢字の読みをひらがなで記せ。

□ 1 情け容赦ない仕打ちにおののく。［　　］
□ 2 破れたぬいぐるみの足を縫って直す。［　　］
□ 3 悲しい結末が聴衆の涙を誘った。［　　］
□ 4 休憩時間にコーヒーを飲む。［　　］
□ 5 規則ずくめで窒息しそうだ。［　　］
□ 6 チーターがサバンナを疾走する。［　　］
□ 7 父は毎晩クラシックを聴く。［　　］
□ 8 大規模開発で町が発展を遂げた。［　　］
□ 9 信用を失墜させる出来事があった。［　　］
□ 10 卓越した才能で名声を得た。［　　］
□ 11 草原に菜の花の芳香が漂う。［　　］
□ 12 緩んだ気持ちを引き締める。［　　］
□ 13 虚栄心が強く負けを認めない。［　　］
□ 14 悔恨の念がいつまでも消えない。［　　］
□ 15 この絵画は本物かどうか怪しい。［　　］
□ 16 川に橋を架ける工事が始まる。［　　］
□ 17 浪費を慎み、貯蓄に回す。［　　］
□ 18 滑りやすい雪道を注意して歩く。［　　］

□ 19 彼の作品に大いに**啓発**された。〔　　〕

□ 20 **漏電**が原因で火災が発生する。〔　　〕

□ 21 **悔**しい思いをバネに雪辱を期した。〔　　〕

□ 22 両者譲らずの**緊迫**した試合だ。〔　　〕

□ 23 決勝戦は一点差で**惜敗**した。〔　　〕

□ 24 **朗**らかな性格で後輩から慕われる。〔　　〕

□ 25 手品の**仕掛**けを観客に明かす。〔　　〕

□ 26 家賃を**滞納**して契約を解除された。〔　　〕

□ 27 アサガオのつるが長く**伸**びる。〔　　〕

□ 28 独占欲が強く、恋人を**束縛**する。〔　　〕

□ 29 浪費は身の**破滅**につながる。〔　　〕

□ 30 計画を中断したのは**賢明**な判断だ。〔　　〕

□ 31 帰国前に**免税**店で土産を買う。〔　　〕

□ 32 この実は**硬**くてまだ食べられない。〔　　〕

標準解答

1 ようしゃ
2 ぬ
3 さそ
4 きゅうけい
5 ちっそく
6 しっそう
7 き
8 と
9 しっつい
10 たくえつ
11 ほうこう
12 し
13 きょえい
14 かいこん
15 あや
16 か
17 ろうひ
18 すべ
19 けいはつ
20 ろうでん
21 くや
22 きんぱく
23 せきはい
24 ほが
25 しか
26 たいのう
27 の
28 そくばく
29 はめつ
30 けんめい
31 めんぜい
32 かた

1 **容赦**《ようしゃ》→大目にみること。許すこと。

10 **卓越**《たくえつ》→他者よりも非常に優れていること。

13 **虚栄心**《きょえいしん》→うわべだけをかざりたがる心。

14 **悔恨**《かいこん》→後悔し、残念に思うこと。

19 **啓発**《けいはつ》→人に指導して、知識や理解などをより高めること。

点線で折り、解答を隠しても使えます!

1時間目

難易度Ⅰ

読み③

●次の――線の漢字の読みをひらがなで記せ。

□ 1 現地視察に海外へ赴任した。

□ 2 賞をいただき恐悦至極に存じます。

□ 3 主将一人が卓抜した技量を持つ。

□ 4 担任が名簿順に出席をとる。

□ 5 彼は入学試験を免除された。

□ 6 夏休みの宿題は既に終わっている。

□ 7 順番がくるまで待合室で控える。

□ 8 車が接触し塗装がはがれた。

□ 9 相手の立場を考えぬ愚問だ。

□ 10 期待以上によい待遇を受けた。

□ 11 伝染病の脅威におびえる。

□ 12 民衆が決起し、専制王朝が滅びた。

□ 13 凍結した路面は非常に危険だ。

□ 14 祖父は狩猟で生計を立てている。

□ 15 あの場面は物語の伏線だった。

□ 16 タバコの火で畳が焦げる。

□ 17 土砂が崩れて道をふさいだ。

□ 18 侍が刀を腰に差して歩いている。

目標時間
3分

あなたの学習の優先度は?
□A □B □C
使い方は20ページ

□19 経費削減で仕事に支障が出た。

□20 全国大会開催の誘致に努力する。

□21 父を職人の師匠として尊敬する。

□22 数多くの古墳が発掘されている。

□23 裸一貫から巨万の富をなした。

□24 編み物に没頭し食事もとらない。

□25 社長はかなり御満悦のようだ。

□26 流行の着物に合わせた足袋を選ぶ。

□27 驚くほど純粋な目をした青年だ。

□28 穏やかな表情で議論に聞き入る。

□29 高名な学者に座長就任を要請した。

□30 犠牲者をとむらう式典に参加する。

□31 非常事態に適切な措置を取る。

□32 畜産農家の後継者探しに苦心する。

標準解答

1 ふにん
2 きょうえつ
3 たくばつ
4 めいぼ
5 めんじょ
6 すで
7 ひか
8 とそう
9 ぐもん
10 たいぐう
11 きょうい
12 ほろ
13 とうけつ
14 しゅりょう
15 ふくせん
16 こ
17 くず
18 さむらい
19 さくげん
20 ゆうち
21 ししょう
22 こふん
23 はだか
24 ぼっとう
25 まんえつ
26 たび
27 じゅんすい
28 おだ
29 ようせい
30 ぎせい
31 そち
32 ちくさん

2 恐悦《きょうえつ》→つつしんで喜ぶこと。
15 伏線《ふくせん》→後に起こる展開に備えて、それに関連した事柄を前もってそれとなく示しておくこと。
20 誘致《ゆうち》→積極的に誘い寄せること。
24 没頭《ぼっとう》→ひとつのことに集中していること。
25 満悦《まんえつ》→満たされて喜ぶこと。

点線で折り、解答を隠しても使えます！

1時間目

難易度Ⅰ

同音・同訓異字

目標時間 3分

あなたの学習の優先度は?
□A □B □C
使い方は20ページ

●次の――線のカタカナに当てはまる漢字をそれぞれのア～オから一つ選び、記号を記せ。

□ 1 ネジを強くシめて柱に固定する。 〔　　〕
□ 2 村では高齢者が過半数をシめる。 〔　　〕
□ 3 急な残業をシいられ、疲れ果てる。 〔　　〕
（ア強　イ諮　ウ締　エ占　オ祉）

□ 4 毎日同じメニューでアきてしまった。 〔　　〕
□ 5 天ぷらをアげて食卓に添える。 〔　　〕
□ 6 彼のおかげでひどい目にアった。 〔　　〕
（ア遭　イ揚　ウ挙　エ浴　オ飽）

□ 7 本質を見極めることがカン要だ。 〔　　〕
□ 8 苦労して栄カンを勝ち取った。 〔　　〕
□ 9 一カンして同じ立場を主張する。 〔　　〕
（ア勘　イ冠　ウ貫　エ喚　オ肝）

□ 10 包丁はこまめにトぐ必要がある。 〔　　〕
□ 11 この町は素晴らしい成長をトげた。 〔　　〕
□ 12 運動会で息子の写真をトる。 〔　　〕
（ア斗　イ遂　ウ撮　エ研　オ説）

□13 多額の負サイを抱えて倒産した。［　］
□14 野球の全国大会を主サイする。［　］
□15 記サイ漏れがないか確認する。［　］
（ア催　イ債　ウ採　エ載　オ彩）

□16 初優勝をショウ中に収めた。［　］
□17 合格は今までの努力の結ショウだ。［　］
□18 高級バッグをショウ動買いする。［　］
（ア匠　イ掌　ウ昇　エ衝　オ晶）

□19 上空に梅雨前線が停タイしている。［　］
□20 おなかの中にタイ動を感じ始めた。［　］
□21 夏休みでタイ慢な暮らしが続く。［　］
（ア逮　イ滞　ウ替　エ怠　オ胎）

□22 自説を強コウに主張して譲らない。［　］
□23 証拠不十分でコウ禁を解かれた。［　］
□24 コウ妙な言い回しで切り抜けた。［　］
（ア巧　イ硬　ウ孔　エ甲　オ拘）

標準解答

1	2	3	4	5	6
ウ 締	エ 占	ア 強	オ 飽	イ 揚	ア 遭

7	8	9	10	11	12
オ 肝	イ 冠	ウ 貫	エ 研	イ 遂	ウ 撮

13	14	15	16	17	18
イ 債	ア 催	エ 載	イ 掌	オ 晶	エ 衝

19	20	21	22	23	24
イ 滞	オ 胎	エ 怠	イ 硬	オ 拘	ア 巧

7 **肝要**《かんよう》↓非常に大切なこと。
18 **衝動**《しょうどう》↓本能的にただちに行動しようとする心の働きのこと。
21 **怠慢**《たいまん》↓しなければならないことを怠ること。
24 **巧妙**《こうみょう》↓非常に巧みであること。

点線で折り、解答を隠しても使えます!

1時間目

難易度Ⅰ

漢字識別①

目標時間 3分

●三つの□に共通する漢字を［　］の中から選んで熟語を作り、記号で記せ。

□ 1　□妙・亡□・□峰　〔　〕
□ 2　常□・□在・□留　〔　〕
□ 3　音□・切□・□号　〔　〕
□ 4　□苦・□酸・□勝　〔　〕
□ 5　手□・□剤・□前　〔　〕

ア 企　イ 符　ウ 逐　エ 託　オ 霊
カ 駐　キ 粋　ク 賢　ケ 辛　コ 錠

□ 6　幼□・□気・□魚　〔　〕
□ 7　□華・□降・上□　〔　〕
□ 8　□盛・□起・興□　〔　〕
□ 9　快□・□否・許□　〔　〕
□ 10　隠□・秘□・□名　〔　〕

ア 膨　イ 双　ウ 稚　エ 隆　オ 藩
カ 昇　キ 諾　ク 尿　ケ 匿　コ 硬

あなたの学習の優先度は?
□A □B □C
使い方は20ページ

11 □亡・幻□・点□ 〔　〕

12 信□・□行・□仕 〔　〕

13 内□・□争・□失 〔　〕

14 □客・愛□・□問 〔　〕

ア 奉　イ 帆　ウ 滅　エ 紛　オ 痘
カ 励　キ 忌　ク 顧

---

15 □鎖・密□・□建的 〔　〕

16 □没・□設・□蔵 〔　〕

17 □設・□策・□行 〔　〕

18 □食・□取・□生 〔　〕

ア 埋　イ 換　ウ 掲　エ 嫁　オ 陵
カ 施　キ 封　ク 摂

標準解答

1 オ（霊妙《れいみょう》・亡霊《ぼうれい》・霊峰《れいほう》）
2 カ（常駐《じょうちゅう》・駐在《ちゅうざい》・駐留《ちゅうりゅう》）
3 イ（音符《おんぷ》・切符《きっぷ》・符号《ふごう》）
4 ケ（辛苦《しんく》・辛酸《しんさん》・辛勝《しんしょう》）
5 コ（手錠《てじょう》・錠剤《じょうざい》・錠前《じょうまえ》）

6 ウ（幼稚《ようち》・稚気《ちき》・稚魚《ちぎょ》）
7 カ（昇華《しょうか》・昇降《しょうこう》・上昇《じょうしょう》）
8 エ（隆盛《りゅうせい》・隆起《りゅうき》・興隆《こうりゅう》）
9 キ（快諾《かいだく》・諾否《だくひ》・許諾《きょだく》）
10 ケ（隠匿《いんとく》・秘匿《ひとく》・匿名《とくめい》）

11 ウ（滅亡《めつぼう》・幻滅《げんめつ》・点滅《てんめつ》）
12 ア（信奉《しんぽう》・奉行《ぶぎょう》・奉仕《ほうし》）
13 エ（内紛《ないふん》・紛争《ふんそう》・紛失《ふんしつ》）
14 ク（顧客《こきゃく》・愛顧《あいこ》・顧問《こもん》）
15 キ（封鎖《ふうさ》・密封《みっぷう》・封建的《ほうけんてき》）

16 ア（埋没《まいぼつ》・埋設《まいせつ》・埋蔵《まいぞう》）
17 カ（施設《しせつ》・施策《※しさく》・施行《しこう》）
18 ク（摂食《せっしょく》・摂取《せっしゅ》・摂生《せっせい》）

※「せさく」は高等学校で学習する読み

点線で折り、解答を隠しても使えます!

1時間目

難易度Ⅰ

漢字識別②

目標時間 3分

あなたの学習の優先度は?

□A □B □C

使い方は20ページ

●三つの□に共通する漢字を□の中から選んで熟語を作り、記号で記せ。

□ 1 潜□・屈□・□線 〔　〕

□ 2 □罰・求□・□期 〔　〕

□ 3 □算・互□性・□気 〔　〕

□ 4 屈□・□縮・追□ 〔　〕

□ 5 □岸・港□・□曲 〔　〕

ア 暫　イ 絞　ウ 克　エ 伏　オ 伸
カ 刑　キ 換　ク 湾　ケ 催　コ 脅

□ 6 □除・□出・□斥 〔　〕

□ 7 □代・早□・□木 〔　〕

□ 8 □人・連□・□楽 〔　〕

□ 9 □除・一□・□討 〔　〕

□ 10 □煙・□茶・満□ 〔　〕

ア 斗　イ 募　ウ 喫　エ 邦　オ 辛
カ 排　キ 苗　ク 鋳　ケ 房　コ 掃

□ 11 気□・□略・□算 ［　　］

□ 12 □壊・雪□・□落 ［　　］

□ 13 添□・□減・□除 ［　　］

□ 14 □促・□眠・開□ ［　　］

ア 葬　イ 崩　ウ 滅　エ 概　オ 匠
カ 削　キ 籍　ク 催

□ 15 □金・□集・公□ ［　　］

□ 16 夢□・□影・□惑 ［　　］

□ 17 破□恥・□価・清□ ［　　］

□ 18 □駆・□走・□風 ［　　］

ア 幻　イ 炎　ウ 募　エ 棋　オ 廉
カ 欺　キ 締　ク 疾

標準解答

1 エ（潜伏《せんぷく》・屈伏《くっぷく》・伏線《ふくせん》）
2 カ（刑罰《けいばつ》・求刑《きゅうけい》・刑期《けいき》）
3 キ（換算《かんさん》・互換性《ごかんせい》・換気《かんき》）
4 オ（屈伸《くっしん》・伸縮《しんしゅく》・追伸《ついしん》）
5 ク（湾岸《わんがん》・港湾《こうわん》・湾曲《わんきょく》）
6 カ（排除《はいじょ》・排出《はいしゅつ》・排斥《はいせき》）
7 キ（苗代《なわしろ》・早苗《さなえ》・苗木《なえぎ》）
8 エ（邦人《ほうじん》・連邦《れんぽう》・邦楽《ほうがく》）
9 コ（掃除《そうじ》・一掃《いっそう》・掃討《そうとう》）
10 ウ（喫煙《きつえん》・喫茶《きっさ》・満喫《まんきつ》）
11 エ（気概《きがい》・概略《がいりゃく》・概算《がいさん》）
12 イ（崩壊《ほうかい》・雪崩《なだれ》・崩落《ほうらく》）
13 カ（添削《てんさく》・削減《さくげん》・削除《さくじょ》）
14 ク（催促《さいそく》・催眠《さいみん》・開催《かいさい》）
15 ウ（募金《ぼきん》・募集《ぼしゅう》・公募《こうぼ》）
16 ア（夢幻《むげん》・幻影《げんえい》・幻惑《げんわく》）
17 オ（破廉恥《はれんち》・廉価《れんか》・清廉《せいれん》）
18 ク（疾駆《しっく》・疾走《しっそう》・疾風《しっぷう》）

点線で折り、解答を隠しても使えます！

1時間目

難易度Ⅰ

熟語の構成

目標時間 3分

あなたの学習の優先度は?
□A □B □C
使い方は20ページ

●熟語の構成には、次のようなものがある。

ア 同じような意味の字を重ねたもの（例 岩石）
イ 反対または対応の意味を表す字を重ねたもの（例 高低）
ウ 上の字が下の字を修飾しているもの（例 洋画）
エ 下の字が上の字の目的語・補語になっているもの（例 着席）
オ 上の字が下の字の意味を打ち消しているもの（例 非常）

●次の熟語は右のア～オのどれに当たるか、一つ選んで記号を記せ。

□ 1 伸縮［　］
□ 2 孤独［　］
□ 3 鼻孔［　］
□ 4 終了［　］
□ 5 昇降［　］
□ 6 無粋［　］
□ 7 超越［　］
□ 8 脱獄［　］
□ 9 金塊［　］
□ 10 塗料［　］
□ 11 乾湿［　］
□ 12 共謀［　］

□ 13 潜水 〔　　〕

□ 14 抑揚 〔　　〕

□ 15 既知 〔　　〕

□ 16 賢愚 〔　　〕

□ 17 孤島 〔　　〕

□ 18 訪欧 〔　　〕

□ 19 禁猟 〔　　〕

□ 20 稚魚 〔　　〕

□ 21 修繕 〔　　〕

□ 22 硬貨 〔　　〕

□ 23 裸眼 〔　　〕

□ 24 養鶏 〔　　〕

□ 25 概算 〔　　〕

□ 26 彼我 〔　　〕

□ 27 無謀 〔　　〕

□ 28 択一 〔　　〕

標準解答

1 イ「伸びる」↕「縮む」
2 ア 孤も独も「ひとり」の意
3 ウ「鼻の↓あな（孔）」の意
4 ア 終も了も「終わる」の意
5 イ「昇る」↕「降りる」
6 オ いき（粋）がないこと
7 ア 超も越も「こえる」の意
8 エ「脱する↑監獄を」の意
9 ウ「金の↓塊」の意
10 ウ「塗りつける↓材料」の意

11 イ「乾く」↕「湿る」
12 ウ「共に↓謀《はか》る」の意
13 エ「潜る↑水に」の意
14 イ「抑える」↕「揚げる」
15 ウ「既に↓知っている」の意
16 イ「賢い」↕「愚か」
17 ウ「孤立した↓島」の意
18 エ「訪れる↑欧州を」の意
19 エ「禁じる↑猟を」の意
20 ウ「おさない（稚）↓魚」の意

21 ア 修も繕も「なおす」の意
22 ウ「紙幣と比較して硬い↓貨幣」の意
23 ウ「裸の↓眼」の意
24 エ「養う↑鶏を」の意
25 ウ「おおまかな（概）↓計算」の意
26 イ「かれ」↕「われ」
27 オ 深く考え（謀）ないこと
28 エ「えらぶ（択）↑一つに」の意

点線で折り、解答を隠しても使えます！

1時間目

難易度Ⅰ

部首①

●次の漢字の部首をア～エから一つ選び、記号を記せ。

□ 1 邪 （ア 阝 イ 牙 ウ ノ エ 二） 〔　〕

□ 2 礎 （ア 石 イ 木 ウ 口 エ 疋） 〔　〕

□ 3 搾 （ア 二 イ 扌 ウ 穴 エ 宀） 〔　〕

□ 4 穂 （ア 十 イ 田 ウ 禾 エ 心） 〔　〕

□ 5 瀬 （ア 頁 イ 口 ウ 氵 エ 木） 〔　〕

□ 6 犠 （ア 戈 イ 王 ウ 牛 エ 羊） 〔　〕

□ 7 嘱 （ア 冂 イ 厶 ウ 尸 エ 口） 〔　〕

□ 8 楼 （ア 木 イ 米 ウ 十 エ 女） 〔　〕

□ 9 掛 （ア ト イ 土 ウ 十 エ 扌） 〔　〕

□ 10 遇 （ア 冂 イ 田 ウ 辶 エ 厶） 〔　〕

□ 11 漏 （ア 尸 イ 冂 ウ 氵 エ 雨） 〔　〕

□ 12 婿 （ア 月 イ 女 ウ 疋 エ 人） 〔　〕

□ 13 鋳 (ア ノ　イ 釒　ウ 寸　エ 二) [　　]

□ 14 逮 (ア 氺　イ 辶　ウ 隶　エ 亅) [　　]

□ 15 概 (ア 儿　イ 艮　ウ 木　エ 旡) [　　]

□ 16 慌 (ア し　イ 亡　ウ 艹　エ 忄) [　　]

□ 17 濫 (ア 皿　イ 亡　ウ 臣　エ 氵) [　　]

□ 18 華 (ア 二　イ 十　ウ 干　エ 艹) [　　]

□ 19 倣 (ア 方　イ 亻　ウ 攵　エ 亠) [　　]

□ 20 袋 (ア 亻　イ 衣　ウ 亠　エ 弋) [　　]

□ 21 閲 (ア 門　イ 儿　ウ 八　エ 口) [　　]

□ 22 幕 (ア 艹　イ 巾　ウ 日　エ 大) [　　]

標準解答

1 ア 阝(おおざと)
2 ア 石(いしへん)
3 イ 扌(てへん)
4 ウ 禾(のぎへん)
5 ウ 氵(さんずい)
6 ウ 牜(うしへん)

7 エ 口(くちへん)
8 ア 木(きへん)
9 エ 扌(てへん)
10 ウ 辶(しんにょう)
11 ウ 氵(さんずい)
12 イ 女(おんなへん)

13 イ 釒(かねへん)
14 イ 辶(しんにょう)
15 ウ 木(きへん)
16 エ 忄(りっしんべん)
17 エ 氵(さんずい)

18 エ 艹(くさかんむり)
19 イ 亻(にんべん)
20 イ 衣(ころも)
21 ア 門(もんがまえ)
22 イ 巾(はば)

点線で折り、解答を隠しても使えます!

1時間目

難易度Ⅰ

部首②

目標時間 2分

あなたの学習の優先度は?
□A □B □C
使い方は20ページ

●次の漢字の部首をア～エから一つ選び、記号を記せ。

□ 1 徳（ア 心　イ 十　ウ 彳　エ 罒）［　］

□ 2 姿（ア 氵　イ 一　ウ 皮　エ 女）［　］

□ 3 処（ア 几　イ ノ　ウ し　エ 儿）［　］

□ 4 貫（ア 目　イ 貝　ウ 毋　エ 八）［　］

□ 5 遂（ア 辶　イ 豕　ウ 一　エ 八）［　］

□ 6 憩（ア 舌　イ 口　ウ 心　エ 自）［　］

□ 7 縫（ア 辶　イ 十　ウ 夂　エ 糸）［　］

□ 8 哲（ア 十　イ 斤　ウ 口　エ 扌）［　］

□ 9 伐（ア 丶　イ 亻　ウ 戈　エ 弋）［　］

□ 10 啓（ア 口　イ 戸　ウ 尸　エ 攵）［　］

□ 11 審（ア 宀　イ 禾　ウ 田　エ 米）［　］

□ 12 簿（ア ⺮　イ 田　ウ 氵　エ 寸）［　］

□ 13 墾（ア 豸　イ 艮　ウ 土　エ 罒）［　　］

□ 14 慨（ア 忄　イ 旡　ウ 尢　エ 儿）［　　］

□ 15 敢（ア 耳　イ ノ　ウ 攵　エ 工）［　　］

□ 16 陶（ア 缶　イ 阝　ウ 山　エ 勹）［　　］

□ 17 膜（ア 大　イ 艹　ウ 月　エ 日）［　　］

□ 18 籍（ア 木　イ 日　ウ ⺮　エ 耒）［　　］

□ 19 翌（ア 亠　イ 二　ウ 羽　エ 立）［　　］

□ 20 廉（ア 丶　イ 厂　ウ 八　エ 广）［　　］

□ 21 諮（ア 欠　イ 冫　ウ 言　エ 口）［　　］

□ 22 刑（ア 干　イ 二　ウ 开　エ 刂）［　　］

標準解答

1 ウ 彳（ぎょうにんべん）
2 エ 女（おんな）
3 ア 几（つくえ）
4 イ 貝（かい）
5 ア 辶（しんにょう）
6 ウ 心（こころ）
7 エ 糸（いとへん）
8 ウ 口（くち）
9 イ 亻（にんべん）
10 ア 口（くち）
11 ア 宀（うかんむり）
12 ア ⺮（たけかんむり）
13 ウ 土（つち）
14 ア 忄（りっしんべん）
15 ウ 攵（のぶん）
16 イ 阝（こざとへん）
17 ウ 月（にくづき）
18 ウ ⺮（たけかんむり）
19 ウ 羽（はね）
20 エ 广（まだれ）
21 ウ 言（ごんべん）
22 エ 刂（りっとう）

点線で折り、解答を隠しても使えます！

1時間目

難易度Ⅰ

対義語・類義語①

目標時間
5分

あなたの学習の優先度は？
□A □B □C
使い方は20ページ

●次の□の中の語を一度だけ使って漢字に直し、対義語・類義語を記せ。

対義語

□ 1 自慢―卑□

□ 2 概略―詳□

□ 3 抑制―促□

□ 4 協調―排□

類義語

□ 5 尋常―普□

□ 6 未熟―□稚

□ 7 展示―陳□

□ 8 虚構―架□

くう・げ・さい・しん・た・つう・よう・れつ

対義語

□ 9 脱退―加□

□ 10 公開―□匿

□ 11 浪費―倹□

□ 12 陳腐―□鮮

類義語

□ 13 繁栄―□盛

□ 14 克明―丹□

□ 15 熱中―没□

□ 16 阻害―邪□

しん・とう・ねん・ひ・ま・めい・やく・りゅう

対義語

□ 17 受容－排□

□ 18 妨害－□力

□ 19 丁重－粗□

□ 20 独創－□倣

類義語

□ 21 我慢－□抱

□ 22 苦難－辛□

□ 23 重荷－負□

□ 24 高低－□伏

き・きょう・さん・じょ・しん・たん・も・りゃく

対義語

□ 25 発生－□滅

□ 26 安定－□揺

□ 27 削除－添□

□ 28 解放－□縛

類義語

□ 29 不足－□如

□ 30 応援－加□

□ 31 回顧－□憶

□ 32 概要－概□

か・けつ・しょう・せい・そく・つい・どう・りゃく

標準解答

1 卑《ひ》下《げ》
2 詳《しょう》細《さい》
3 促《そく》進《しん》
4 排《はい》他《た》
5 普《ふ》通《つう》
6 幼《よう》稚《ち》
7 陳《ちん》列《れつ》
8 架《か》空《くう》

9 加《か》盟《めい》
10 秘《ひ》匿《とく》
11 倹《けん》約《やく》
12 新《しん》鮮《せん》
13 隆《りゅう》盛《せい》
14 丹《たん》念《ねん》
15 没《ぼっ》頭《とう》
16 邪《じゃ》魔《ま》

17 排《はい》除《じょ》
18 協《きょう》力《りょく》
19 粗《そ》略《りゃく》
20 模《も》倣《ほう》
21 辛《しん》抱《ぼう》
22 辛《しん》酸《さん》
23 負《ふ》担《たん》
24 起《き》伏《ふく》

25 消《しょう》滅《めつ》
26 動《どう》揺《よう》
27 添《てん》加《か》
28 束《そく》縛《ばく》
29 欠《けつ》如《じょ》
30 加《か》勢《せい》
31 追《つい》憶《おく》
32 概《がい》略《りゃく》

点線で折り、解答を隠しても使えます！

1時間目

難易度Ⅰ

対義語・類義語②

目標時間 5分

あなたの学習の優先度は?
□A □B □C
使い方は20ページ

●次の□の中の語を一度だけ使って漢字に直し、対義語・類義語を記せ。

対義語

□ 1 軽率—慎□
□ 2 虐待—愛□
□ 3 繁栄—没□
□ 4 興隆—衰□

類義語

□ 5 卓越—抜□
□ 6 哀歓—悲□
□ 7 前途—□来
□ 8 追憶—□顧

かい・き・ぐん・ご・しょう・たい・ちょう・らく

対義語

□ 9 実在—架□
□ 10 粗略—丁□
□ 11 修繕—破□
□ 12 師匠—□子

類義語

□ 13 用心—□戒
□ 14 華美—□手
□ 15 措置—□置
□ 16 排除—除□

きょ・くう・けい・しょ・そん・ちょう・で・は

対義語

□17 抽象－□体

□18 促進－抑□

□19 助長－阻□

□20 倹約－浪□

類義語

□21 即刻－□速

□22 名残－□情

□23 征伐－退□

□24 不足－□乏

がい・ぐ・けつ・さっ・じ・せい・ひ・よ

対義語

□25 支配－□属

□26 誕生－死□

□27 余寒－残□

□28 釈放－拘□

類義語

□29 永遠－恒□

□30 精励－□勉

□31 不在－□守

□32 憶測－□量

きゅう・きょ・きん・じゅう・しょ・すい・そく・る

標準解答

1 慎重《しんちょう》
2 愛護《あいご》
3 没落《ぼつらく》
4 衰退《すいたい》
5 抜群《ばつぐん》
6 悲喜《ひき》
7 将来《しょうらい》
8 回顧《かいこ》

---

9 架空《かくう》
10 丁重《ていちょう》
11 破損《はそん》
12 弟子《でし》
13 警戒《けいかい》
14 派手《はで》
15 処置《しょち》
16 除去《じょきょ》

---

17 具体《ぐたい》
18 抑制《よくせい》
19 阻害《そがい》
20 浪費《ろうひ》
21 早速《さっそく》
22 余情《よじょう》
23 退治《たいじ》
24 欠乏《けつぼう》

---

25 従属《じゅうぞく》
26 死去《しきょ》
27 残暑《ざんしょ》
28 拘束《こうそく》
29 恒久《こうきゅう》
30 勤勉《きんべん》
31 留守《るす》
32 推量《すいりょう》

点線で折り、解答を隠しても使えます!

1時間目

難易度Ⅰ

送りがな

目標時間 4分

あなたの学習の優先度は?
□A □B □C
使い方は20ページ

●次の――線のカタカナを漢字一字と送りがな(ひらがな)で記せ。

□ 1 アキナイをする者の心得を授ける。
□ 2 今年の夏は暑さがキビシイ。
□ 3 素直にシタガウほうがよさそうだ。
□ 4 公民館で朗読のツドイに参加する。
□ 5 皿がワレル音がして振り向いた。
□ 6 福利厚生のために託児所をモウケル。
□ 7 機密事項を胸にヒメテおく。
□ 8 悪口を言う人間の心はマズシイ。
□ 9 教会の鐘が正午をツゲル。
□ 10 最近の息子は成長がイチジルシイ。
□ 11 キヨラカな水の流れにいやされる。
□ 12 公民館にカタライの場を作る。
□ 13 意図がマッタク理解できない。
□ 14 娘のヤスラカな寝顔にほっとする。
□ 15 作業を任せるにはアヤウイ。
□ 16 刈った草を庭の端にヨセル。
□ 17 災害にソナエテ連絡網を作成した。
□ 18 午前中に家事をすべてスマス。

□ 19 労にムクイテ一時金を支給した。［　　］

□ 20 弱者に過大な負担をシイル政策だ。［　　］

□ 21 アツカマシイお願いをする。［　　］

□ 22 毎朝の散歩をカカサない。［　　］

□ 23 暗い所をろうそくの炎でテラス。［　　］

□ 24 カロヤカな足取りで買い物に行く。［　　］

□ 25 指編みは初心者にもヤサシイ。［　　］

□ 26 考えが合わず仲間からハズレル。［　　］

□ 27 育ててくれた両親をウヤマウ。［　　］

□ 28 髪の毛がパーマでチヂレている。［　　］

□ 29 暑い日に水を頭からアビル。［　　］

□ 30 部屋におもちゃをチラカス。［　　］

□ 31 スミヤカな判断で病人が助かった。［　　］

□ 32 仏壇に向かってお経をトナエル。［　　］

標準解答

1 商い
2 厳しい
3 従う
4 集い
5 割れる
6 設ける
7 秘めて
8 貧しい
9 告げる
10 著しい
11 清らか
12 語らい
13 全く
14 安らか
15 危うい
16 寄せる
17 備えて
18 済ます
19 報いて
20 強いる
21 厚かましい
22 欠かさ
23 照らす
24 軽やか
25 易しい
26 外れる
27 敬う
28 縮れて
29 浴びる
30 散らかす
31 速やか
32 唱える

点線で折り、解答を隠しても使えます！

1時間目

難易度Ⅰ

四字熟語

目標時間
6分

あなたの学習の優先度は？
□A □B □C
使い方は20ページ

●次の——線のカタカナを漢字で記せ。

□ 1 一石ニチョウの幸運にあずかる。

□ 2 試験のできにイッキ一憂する。

□ 3 キキ一髪で激突をまぬかれた。

□ 4 シコウ錯誤なしに成果は出ない。

□ 5 和菓子でカチョウ風月を表現する。

□ 6 シンキ一転して新事業に取り組む。

□ 7 子供は新陳タイシャが活発だ。

□ 8 優柔フダンな相手にあいそを尽かす。

□ 9 学問は温故チシンの繰り返しだ。

□ 10 古今トウザイで好まれている。

□ 11 定年退職して晴耕ウドクの日々だ。

□ 12 臨機オウヘンな対処が求められる。

□ 13 シンシュツ鬼没の怪盗が現れた。

□ 14 健康を損ねてはホンマツ転倒だ。

□ 15 奇想テンガイな発案に驚いた。

□ 16 起死カイセイの逆転打を放った。

□ 17 事故の一部シジュウを目撃した。

□ 18 サイショク兼備の女王だ。

19 科学技術は日進ゲッポで発展した。（　　）

20 出会ってすぐに意気トウゴウした。（　　）

21 誤解されて迷惑センバンだ。（　　）

22 変幻ジザイな演技に感嘆する。（　　）

23 火災から無我ムチュウで避難した。（　　）

24 今ではコジョウ落日の観がある。（　　）

25 子供の個性はセンサ万別だ。（　　）

26 上司の変節でギシン暗鬼になった。（　　）

27 君と私とはイシン伝心の仲だ。（　　）

28 ソウイ工夫を加えて形にする。（　　）

29 失敗続きで、ジボウ自棄になった。（　　）

30 結婚以来、イタイ同心の夫婦だ。（　　）

31 メイロウ快活でさわやかな青年だ。（　　）

32 社用車で旅行するとはコウシ混同だ。（　　）

標準解答

1 二鳥
2 一喜
3 危機
4 試行
5 花鳥
6 心機
7 代謝
8 不断
9 知新
10 東西
11 雨読
12 応変
13 神出
14 本末
15 天外
16 回生
17 始終
18 才色
19 月歩
20 投合
21 千万
22 自在
23 夢中
24 孤城
25 千差
26 疑心
27 以心
28 創意
29 自暴
30 異体
31 明朗
32 公私

点線で折り、解答を隠しても使えます!

1時間目

難易度Ⅰ

誤字訂正

目標時間
5分

あなたの学習の優先度は?
□A □B □C
使い方は20ページ

●次の文中に間違って使われている同じ音訓の漢字が一字ある。その誤字と正しい漢字を記せ。

□ 1 天気予報サイトで一時間ごとの気温や降水確率など、詳彩な情報を知る。 〔 ↓ 〕

□ 2 貨物を万載した大型の商船同士が衝突して沈没し、多額の損害が発生した。 〔 ↓ 〕

□ 3 渡航や滞在に当たり、外務省が発表する危検情報を入手し関係者に伝達する。 〔 ↓ 〕

□ 4 胸の締め付け感や極度に強い頭痛、大量の出血等は緊急を擁する病状だ。 〔 ↓ 〕

□ 5 病院を選ぶ際には、年間の手術件数などの知療実績が一つの目安となる。 〔 ↓ 〕

□ 6 緊調で発汗し体が震えるのは、交感神経の働きによって起こる現象だ。 〔 ↓ 〕

□ 7 経済発展の影響で、水産物の消費に世界規模で増加傾行が見られる。 〔 ↓ 〕

□ 8 試合開始から終始押され続けたが、後半に入って本領を発輝し勝利した。 〔 ↓ 〕

□ **9** 特に優れた成績を挙げたと認定された学生には、入学金の全額を免除する。［　↓　］

□ **10** 新郎の父親が両家を代表して、招対客に向けた感謝の言葉を述べた。［　↓　］

□ **11** 遊牧民俗は家畜の群れと共に、定期的に場所を移動しながら生活している。［　↓　］

□ **12** 右足で踏み込む動作を繰り返した結果、甲の部分に疲老骨折を起こした。［　↓　］

□ **13** 製品の開発時は、慎調に何度も検査を行い、安全を確認する必要がある。［　↓　］

□ **14** 試験や面接を繰り返しても、能力は測りきれないのが採用単当者の悩みだ。［　↓　］

標準解答

1 彩↓細
2 万↓満
3 検↓険
4 擁↓要
5 知↓治
6 調↓張
7 行↓向
8 輝↓揮
9 積↓績
10 対↓待
11 俗↓族
12 老↓労
13 調↓重
14 単↓担

1 **詳細《しょうさい》**↓細部まで詳しいこと。
2 **満載《まんさい》**↓荷物などをいっぱいにのせること。
8 **発揮《はっき》**↓持っている力などを十分に表すこと。
13 **慎重《しんちょう》**↓注意深くし、軽々しくふるまわないこと。

点線で折り、解答を隠しても使えます!

1時間目

難易度Ⅰ

書き取り①

目標時間 5分

あなたの学習の優先度は？
□A □B □C
使い方は20ページ

●次の――線のカタカナを漢字に直せ。

□ 1 荒天で大会の開催がアヤぶまれた。
□ 2 髪をユって和服を着て外出する。
□ 3 年を重ねるにつれて背がチヂむ。
□ 4 試合のビデオを見て作戦をネる。
□ 5 仕事の失敗でヒラアヤマりする。
□ 6 優勝した選手にメダルをサズける。
□ 7 美しいホウソウ紙につつまれた品だ。
□ 8 お気に入りのお皿がワれた。
□ 9 電車の運行がサイカイした。
□ 10 お正月に初日の出をオガむ。
□ 11 新しい小説のソウサクに没頭する。
□ 12 美しい風景を見て心がアラわれる。
□ 13 失恋してアびるほど酒を飲む。
□ 14 弁当にウメボしを添える。
□ 15 カブヌシには優待券が配られる。
□ 16 努力の末、ジュントウに勝ち進んだ。
□ 17 未来をになう子供たちにサチあれ。
□ 18 父親の説得はヨウイでない。
□ 19 何事もキワめるには努力が必要だ。
□ 20 ハナラびのよさが彼女の自慢だ。

21 彼が帰ったワケがやっとわかった。

22 他人のソラニで見分けがつかない。

23 カイマク戦の投手に選ばれた。

24 洋画のテンラン会を見に行った。

25 宣伝用にチラシを千枚スった。

26 あの店は、知る人ぞ知るアナバだ。

27 攻撃をサカテに取って反撃に出る。

28 物置に本のタバが積まれている。

29 ポットでお湯の温度をタモつ。

30 ワタクシゴトだが、孫が誕生した。

31 この道にソって歩けば学校に着く。

32 ネントウに置くのは家族の笑顔だ。

33 貯金箱がコゼニでいっぱいになる。

34 両親がイトナむ旅館を継ぐ。

35 悲惨な光景を目にしてゼックした。

36 彼の真面目さはスジガネ入りだ。

標準解答

1 危
2 結
3 縮
4 練
5 平謝
6 授
7 包装
8 割
9 再開
10 拝
11 創作
12 洗
13 浴
14 梅干
15 株主
16 順当
17 幸
18 容易
19 極
20 歯並
21 訳
22 空似
23 開幕
24 展覧
25 刷
26 穴場
27 逆手
28 束
29 保
30 私事
31 沿
32 念頭
33 小銭
34 営
35 絶句
36 筋金

点線で折り、解答を隠しても使えます!

書き取り②

目標時間 5分

あなたの学習の優先度は？
□A □B □C
使い方は20ページ

●次の——線のカタカナを漢字に直せ。

□ 1 あわびはムすと柔らかくなる。
□ 2 本番を前に、気のハった表情だ。
□ 3 スナオに謝って許してもらう。
□ 4 応募者の男女のワリアイは同じだ。
□ 5 国語の授業で詩をロウドクする。
□ 6 的をイた指摘をされてひるんだ。
□ 7 アズキを用いて赤飯を炊く。
□ 8 絶滅が危ぶまれる動物をホゴする。
□ 9 研究リョウイキは広範にわたる。
□ 10 妹は保育士のシカクを持っている。
□ 11 ボケツを掘るとはこのことだ。
□ 12 非常にユウエキな意見交換をする。
□ 13 幼い子がテマネきして母親を呼ぶ。
□ 14 手がトドく範囲の価格だ。
□ 15 長年の練習の成果をハッキする。
□ 16 会社のギョウセキが好調だ。
□ 17 交通費のフタンを半分ずつにする。
□ 18 淡い色のワンピースがよくニアう。
□ 19 やることなすことウラメに出た。
□ 20 ヤサしい問題を間違える。

□ 21 トミも名声も捨てて志を貫いた。

□ 22 笑顔のタえない明るい性格だ。

□ 23 祝賀記念にハトを空にハナった。

□ 24 よくコえた馬が馬車を引いている。

□ 25 木製のウツワにはぬくもりがある。

□ 26 犯したツミを一生かけてつぐなう。

□ 27 夕食の残り物を容器にウツす。

□ 28 紅茶にワギりのレモンを添える。

□ 29 大型テレビはリンジョウ感がある。

□ 30 計画はまだ改善のヨチがある。

□ 31 部屋の家具をナラべ替える。

□ 32 カブカは乱高下を繰り返している。

□ 33 トウブンのとり過ぎで肥満になる。

□ 34 食事は体力のミナモトになる。

□ 35 大キボな開発が計画されている。

□ 36 彼のスジガき通りに事が運んだ。

標準解答

1 蒸
2 張
3 素直
4 割合
5 朗読
6 射
7 小豆
8 保護
9 領域
10 資格
11 墓穴
12 有益
13 手招
14 届
15 発揮
16 業績
17 負担
18 似合
19 裏目
20 易
21 富
22 絶
23 放
24 肥
25 器
26 罪
27 移
28 輪切
29 臨場
30 余地
31 並
32 株価
33 糖分
34 源
35 規模
36 筋書

覚えて得する「部首の意味」

部首にはそれぞれ固有の意味があります。そのため、部首が何か一見わかりにくい漢字でも、漢字の意味を考えるとハッと思い当たることがあるものです。わからなくてもすぐあきらめず、意味を考えながら見てみましょう。

氵 さんずい
意味 水や液体に関すること
例 海 泳 湖 港 湯 涙 浪 湾

⻗ あめかんむり
意味 天気や気象などに関すること
例 雲 雪 電 震 雷 零 霊 霧

忄 りっしんべん
意味 心や気持ちに関すること
例 快 悩 悦 怪 慌 恨 惜 憎

艹 くさかんむり
意味 植物などに関すること
例 花 草 薬 芽 華 菊 苗 芳

刂 りっとう
意味 刃物。刀で切ること
例 割 刻 刈 剣 刺 創 刑 削

月 にくづき
意味 体の部位などに関すること
例 腸 脈 胸 臓 脳 肝 胆 肌

宀 うかんむり
意味 家や屋根などに関すること
例 家 室 宮 宿 宅 客 宴 審

广 まだれ
意味 建築物や屋根などに関すること
例 店 庭 庁 床 座 府 廉 廊

2時間目

難易度Ⅱ

２時間目は試験で200点中120点を目指すレベルです。
合格するために必ず押さえるべき漢字を
収録しています。

読み①

目標時間 3分

あなたの学習の優先度は？
□A □B □C
使い方は20ページ

● 次の——線の漢字の読みをひらがなで記せ。

□ 1 俳優の横柄な態度に幻滅した。［　　］

□ 2 覆面パトカーが巡回している。［　　］

□ 3 新記録の達成は幻に終わった。［　　］

□ 4 移籍の話が出て、心が揺れている。［　　］

□ 5 会社側と賃金の折衝をする。［　　］

□ 6 苦手教科を克服して試験に臨む。［　　］

□ 7 海が荒れて船酔いがひどい。［　　］

□ 8 どこかに小判を埋蔵したらしい。［　　］

□ 9 劇団の旗揚げ公演を来月に控える。［　　］

□ 10 研究の概略を述べて説明する。［　　］

□ 11 暴動を武力で鎮圧した。［　　］

□ 12 本人の承諾を得て氏名を開示した。［　　］

□ 13 風船が破裂し大きな音がした。［　　］

□ 14 錠剤は粉薬よりも飲みやすい。［　　］

□ 15 準決勝で屈辱的な敗北を喫した。［　　］

□ 16 濃紺のジャケットがよく似合う。［　　］

□ 17 連日の日照りで湖が干上がった。［　　］

□ 18 政策については審議中だ。［　　］

□ 19 締め切りが近いのに焦燥感がない。［　　］

□ 20 母は満面の笑みを浮かべていた。［　　］

□ 21 華やかなドレスがよく似合う。［　　］

□ 22 校則違反の処遇を検討する。［　　］

□ 23 近郊の大型店は連日大盛況だ。［　　］

□ 24 匿名で新聞に俳句を投稿した。［　　］

□ 25 もうじき太陽が東の空に昇る。［　　］

□ 26 入会者を随時受け付けている。［　　］

□ 27 仮病を使って学校を休む。［　　］

□ 28 業務提携の打診を受け入れる。［　　］

□ 29 湿っている洗たく物を外に干す。［　　］

□ 30 若者が減って町が衰退する。［　　］

□ 31 五年かけて作業を完遂した。［　　］

□ 32 骨髄移植のドナーが見つかった。［　　］

標準解答

1 げんめつ
2 ふくめん
3 まぼろし
4 ゆ
5 せっしょう
6 こくふく
7 よ
8 まいぞう
9 はたあ
10 がいりゃく
11 ちんあつ
12 しょうだく
13 はれつ
14 じょうざい
15 くつじょく
16 のうこん
17 ひあ
18 しんぎ
19 しょうそう
20 え
21 はな
22 しょぐう
23 きんこう
24 とくめい
25 のぼ
26 ずいじ
27 けびょう
28 ていけい
29 しめ
30 すいたい
31 かんすい
32 こつずい

1 幻滅《げんめつ》→現実とは違うことがわかり、がっかりすること。
5 折衝《せっしょう》→取引でかけひきをすること。談判。
10 概略《がいりゃく》→だいたいの内容。あらまし。
19 焦燥《しょうそう》→気が焦っていらだつこと。
22 処遇《しょぐう》→人に対してふさわしい扱いをすること。

2時間目
難易度Ⅱ

読み②

●次の——線の漢字の読みをひらがなで記せ。

□1 湾曲した海岸線が続いている。〔　　〕
□2 地が裂けるような落雷があった。〔　　〕
□3 取引先との契約を破棄した。〔　　〕
□4 交通規則とマナーを遵守する。〔　　〕
□5 電話が鳴り慌てて手をふいた。〔　　〕
□6 境内の落ち葉を掃き清める。〔　　〕
□7 テレビの野球観戦が娯楽の一つだ。〔　　〕
□8 応募した俳句が新聞に掲載された。〔　　〕
□9 怪奇現象が続発している場所だ。〔　　〕
□10 敵軍の反撃を完封する。〔　　〕
□11 いかなる時も笑顔を絶やさない。〔　　〕
□12 ドラマがいよいよ佳境に入った。〔　　〕
□13 公園で憩いのひとときを楽しむ。〔　　〕
□14 暫定的に助手が講師を務める。〔　　〕
□15 黄金色の穂が青空に映える。〔　　〕
□16 親友が転校して空虚な気持ちだ。〔　　〕
□17 零落した一族の行方はわからない。〔　　〕
□18 激しい吹雪で窓の外が真っ白だ。〔　　〕

目標時間 3分

あなたの学習の優先度は?
□A □B □C
使い方は20ページ

19 外出先で大切な書類を紛失した。［　　］

20 難破船の残がいが岸に漂着した。［　　］

21 先制されても粘り強く守り抜く。［　　］

22 決戦を前に気炎をあげている。［　　］

23 駅前の画廊で個展を開いた。［　　］

24 多岐にわたって事業を展開する。［　　］

25 お盆に先祖の魂をとむらう。［　　］

26 線路の異常で列車が転覆した。［　　］

27 会社のために身を削って働いた。［　　］

28 裏山で樹木の伐採が始まった。［　　］

29 容疑者の潜伏先がわかった。［　　］

30 ブドウを房ごとに分けて詰める。［　　］

31 丘陵地帯に住宅が密集する。［　　］

32 鍛錬して芸の神髄を極める。［　　］

標準解答

1 わんきょく
2 さ
3 はき
4 じゅんしゅ
5 あわ
6 は
7 ごらく
8 けいさい
9 かいき
10 かんぷう
11 えがお
12 かきょう
13 いこ
14 ざんてい
15 ほ
16 くうきょ
17 れいらく
18 ふぶき
19 ふんしつ
20 ひょうちゃく
21 ねば
22 きえん
23 がろう
24 たき
25 たましい
26 てんぷく
27 けず
28 ばっさい
29 せんぷく
30 ふさ
31 きゅうりょう
32 しんずい

12 佳境《かきょう》→最もおもしろいところ。
14 暫定《ざんてい》→一時的に定めること。
16 空虚《くうきょ》→中身がなにもないこと。むなしいこと。
17 零落《れいらく》→おちぶれること。
29 潜伏《せんぷく》→見つからないように隠れること。
32 神髄《しんずい》→物事の本質。最も大切なところ。

点線で折り、解答を隠しても使えます！

2時間目

難易度Ⅱ

読み③

目標時間 3分

●次の——線の漢字の読みをひらがなで記せ。

□ 1 入学式でテニス部に勧誘された。

□ 2 このまま既定の路線を突っ走る。

□ 3 世界中に強い衝撃を与えた事件だ。

□ 4 勤続二十年の慰労金をもらった。

□ 5 稲の穂先に虫が止まっている。

□ 6 サーカスの目玉は綱渡りだ。

□ 7 事件以来、町は殺伐としている。

□ 8 自分の感情を抑えて人の話を聞く。

□ 9 事業がようやく軌道に乗り始めた。

□ 10 山を貫通する長大なトンネルだ。

□ 11 古新聞をひもで結わえる。

□ 12 湿気が入らないよう密封する。

□ 13 書道コンクールで佳作に選ばれた。

□ 14 自国の内紛に巻き込まれる。

□ 15 周囲が困惑するほど強情な男だ。

□ 16 悪事に手を染めるとは愚の骨頂だ。

□ 17 美しい笛の音色に聴衆が陶酔した。

□ 18 定期的に住民へ注意を喚起する。

あなたの学習の優先度は？

□A □B □C

使い方は20ページ

□ 19 恵まれた境遇ですくすく育つ。
［　］

□ 20 体を鍛えて健康的な日々を送る。
［　］

□ 21 校庭の清掃を当番制にする。
［　］

□ 22 怠慢な勤務態度を注意する。
［　］

□ 23 慈悲深いまなざしに心が和む。
［　］

□ 24 作物がよく育つ豊潤な土地だ。
［　］

□ 25 水が跳ねて、手で顔を覆った。
［　］

□ 26 泣いている幼い子供を慰めた。
［　］

□ 27 示談が決裂して裁判に発展する。
［　］

□ 28 力を入れてぞうきんを絞る。
［　］

□ 29 雇用状況が少しよくなってきた。
［　］

□ 30 宿泊者の氏名を帳簿に書く。
［　］

□ 31 悪天候が行事の進行を妨げている。
［　］

□ 32 横殴りの風雨に打たれる。
［　］

標準解答

1 かんゆう
2 きてい
3 しょうげき
4 いろう
5 ほさき
6 つなわた
7 さつばつ
8 おさ
9 きどう
10 かんつう
11 ゆ
12 みっぷう
13 かさく
14 ないふん
15 ごうじょう
16 ぐ
17 とうすい
18 かんき
19 きょうぐう
20 きた
21 せいそう
22 たいまん
23 じひ
24 ほうじゅん
25 おお
26 なぐさ
27 けつれつ
28 しぼ
29 こよう
30 ちょうぼ
31 さまた
32 なぐ

7 殺伐《さつばつ》→ぬくもりが一切なく、殺気がただようさま。
13 佳作《かさく》→入賞作品に次いで優れた作品。
17 陶酔《とうすい》→心を奪われて、うっとりすること。
18 喚起《かんき》→呼び起こすこと。
24 豊潤《ほうじゅん》→ゆたかで、うるおいがあること。

点線で折り、解答を隠しても使えます!

2時間目

難易度Ⅱ

同音・同訓異字

目標時間 3分

あなたの学習の優先度は?
□A □B □C
使い方は20ページ

●次の――線のカタカナに当てはまる漢字をそれぞれのア〜オから一つ選び、記号を記せ。

□ 1 個人情報はフせて報道する。［　］
□ 2 二人の供述がフ合している。［　］
□ 3 夫が単身フ任することになった。［　］
（ア赴　イ振　ウ伏　エ殖　オ符）

□ 4 質に入れていた品をウけ出す。［　］
□ 5 昔は公然と敵ウちが行われていた。［　］
□ 6 記念にタイムカプセルをウめた。［　］
（ア討　イ得　ウ浮　エ埋　オ請）

□ 7 花嫁の美しい姿に陶スイする。［　］
□ 8 スイな祖父は墨絵をたしなむ。［　］
□ 9 妻は台所でスイ事に追われている。［　］
（ア粋　イ遂　ウ酔　エ炊　オ衰）

□ 10 酸素が欠ボウすると意識が薄れる。［　］
□ 11 他社のボウ略で損害を被った。［　］
□ 12 空気や金属は温まるとボウ張する。［　］
（ア房　イ謀　ウ膨　エ乏　オ妨）

13 不法投キで自然環境が汚染される。

14 道が東西に分キしている。

15 打ち上げた衛星がキ道に乗った。

（ア棄　イ既　ウ軌　エ忌　オ岐）

16 文章がジョウ長で読みにくい。

17 酒蔵にジョウ前を取り付ける。

18 相手からジョウ歩を引き出す。

（ア譲　イ畳　ウ錠　エ静　オ冗）

19 目をコらして球種を見定める。

20 写真を見て幼少期を回コする。

21 うっかり焼き魚をコがしてしまう。

（ア顧　イ雇　ウ凝　エ焦　オ超）

22 湖ハンのログハウスで一泊する。

23 ペット同ハンが可能な旅館を探す。

24 ヨットが海上をハン走している。

（ア搬　イ伴　ウ帆　エ畔　オ範）

標準解答

1 ウ（伏）
2 オ（符）
3 ア（赴）
4 オ（請）
5 ア（討）
6 エ（埋）

7 ウ（酔）
8 ア（粋）
9 エ（炊）
10 エ（乏）
11 イ（謀）
12 ウ（膨）

13 ア（棄）
14 オ（岐）
15 ウ（軌）
16 オ（冗）
17 ウ（錠）
18 ア（譲）

19 ウ（凝）
20 ア（顧）
21 エ（焦）
22 エ（畔）
23 イ（伴）
24 ウ（帆）

2 符合《ふごう》→二つ以上の事柄が照合・対応すること。

7 陶酔《とうすい》→美しいものに接し、うっとりすること。

16 冗長《じょうちょう》→文などがむだに長くて、しまりがないこと。

20 回顧《かいこ》→過ぎ去ったことを振り返ること。

24 帆走《はんそう》→帆を張って風の力で水上を航行すること。

点線で折り、解答を隠しても使えます！

2時間目

難易度Ⅱ

漢字識別

目標時間 3分

あなたの学習の優先度は?
□A □B □C
使い方は20ページ

●三つの□に共通する漢字を［ ］の中から選んで熟語を作り、記号で記せ。

□ 1 鐘□・□閣・□門 〔　〕
□ 2 □判・□議・誤□ 〔　〕
□ 3 □別・□敗・哀□ 〔　〕
□ 4 □行・未□・完□ 〔　〕
□ 5 放□・□除・□税 〔　〕

ア 審　イ 哀　ウ 遂　エ 寿　オ 紺
カ 彫　キ 楼　ク 惜　ケ 卓　コ 免

□ 6 □解・魅□・完□ 〔　〕
□ 7 □沢・□滑・利□ 〔　〕
□ 8 交□・□覚・□誤 〔　〕
□ 9 □述・□列・□腐 〔　〕
□ 10 工□・文□具・暖□ 〔　〕

ア 慰　イ 潤　ウ 凝　エ 了　オ 塊
カ 錯　キ 陳　ク 魅　ケ 袋　コ 房

11 □握・合□・車□ 〔　　〕
12 □土・□膜・□液 〔　　〕
13 申□・□求・□負 〔　　〕
14 硬□・□髄・気□ 〔　　〕

ア 冠　イ 昇　ウ 骨　エ 掌　オ 湾
カ 請　キ 粘　ク 遭

15 □権・放□・遺□ 〔　　〕
16 □悪・□魔・□道 〔　　〕
17 必□・連□・□行 〔　　〕
18 □志家・危□・□実 〔　　〕

ア 棄　イ 稚　ウ 簿　エ 粗　オ 邪
カ 携　キ 篤　ク 慌

標準解答

1 キ（鐘楼《しょうろう》・楼閣《ろうかく》・楼門《ろうもん》）
2 ア（審判《しんぱん》・審議《しんぎ》・誤審《ごしん》）
3 ク（惜別《せきべつ》・惜敗《せきはい》・哀惜《あいせき》）
4 ウ（遂行《すいこう》・未遂《みすい》・完遂《かんすい》）
5 コ（放免《ほうめん》・免除《めんじょ》・免税《めんぜい》）
6 エ（了解《りょうかい》・魅了《みりょう》・完了《かんりょう》）
7 イ（潤沢《じゅんたく》・潤滑《じゅんかつ》・利潤《りじゅん》）
8 カ（交錯《こうさく》・錯覚《さっかく》・錯誤《さくご》）
9 キ（陳述《ちんじゅつ》・陳列《ちんれつ》・陳腐《ちんぷ》）
10 コ（工房《こうぼう》・文房具《ぶんぼうぐ》・暖房《だんぼう》）
11 エ（掌握《しょうあく》・合掌《がっしょう》・車掌《しゃしょう》）
12 キ（粘土《ねんど》・粘膜《ねんまく》・粘液《ねんえき》）
13 カ（申請《しんせい》・請求《せいきゅう》・請負《うけおい》）
14 ウ（硬骨《こうこつ》・骨髄《こつずい》・気骨《きこつ》）
15 ア（棄権《きけん》・放棄《ほうき》・遺棄《いき》）
16 オ（邪悪《じゃあく》・邪魔《じゃま》・邪道《じゃどう》）
17 カ（必携《ひっけい》・連携《れんけい》・携行《けいこう》）
18 キ（篤志家《とくしか》・危篤《きとく》・篤実《とくじつ》）

点線で折り、解答を隠しても使えます!

2時間目

難易度Ⅱ

熟語の構成①

目標時間 3分

あなたの学習の優先度は？
□A □B □C
使い方は20ページ

●熟語の構成には、次のようなものがある。

ア 同じような意味の字を重ねたもの（例 岩石）
イ 反対または対応の意味を表す字を重ねたもの（例 高低）
ウ 上の字が下の字を修飾しているもの（例 洋画）
エ 下の字が上の字の目的語・補語になっているもの（例 着席）
オ 上の字が下の字の意味を打ち消しているもの（例 非常）

●次の熟語は右のア〜オのどれに当たるか、一つ選んで記号を記せ。

□ 1 賞罰［　　］
□ 2 鶏卵［　　］
□ 3 鶏舎［　　］
□ 4 未遂［　　］
□ 5 投獄［　　］
□ 6 常駐［　　］
□ 7 欠乏［　　］
□ 8 吉凶［　　］
□ 9 浮沈［　　］
□ 10 棄権［　　］
□ 11 滅亡［　　］
□ 12 駐車［　　］

□ 13 清濁［　　］

□ 14 移籍［　　］

□ 15 除籍［　　］

□ 16 屈伸［　　］

□ 17 換気［　　］

□ 18 猟犬［　　］

□ 19 愛憎［　　］

□ 20 検尿［　　］

□ 21 恥辱［　　］

□ 22 後悔［　　］

□ 23 未熟［　　］

□ 24 未了［　　］

□ 25 正邪［　　］

□ 26 喜悦［　　］

□ 27 概観［　　］

□ 28 不穏［　　］

標準解答

1 イ「ほめる（賞）」↕「罰する」
2 ウ「鶏の↓卵」の意
3 ウ「鶏の↓小屋（舎）」の意
4 オ いまだに成し遂げていないこと
5 エ「入れる（投）↑監獄に」の意
6 ウ「常に↓駐在する」の意
7 ア 欠も乏も「不足している」の意
8 イ「よい（吉）」↕「不吉（凶）」
9 イ「浮く」↕「沈む」
10 エ「放棄する↑権利を」の意

11 ア 滅も亡も「ほろびる」の意
12 エ「とめる（駐）↑車を」の意
13 イ「清らか」↕「濁り」
14 エ「移す↑所属（籍）を」の意
15 エ「除く↑学籍・戸籍などを」の意
16 イ「かがむ（屈）」↕「伸びる」
17 エ「換える↑空気を」の意
18 ウ「猟に使う↓犬」の意
19 イ「愛情」↕「憎しみ」
20 エ「検査する↑尿を」の意

21 ア 恥も辱も「はずかしめる」の意
22 ウ「後で↓悔やむ」の意
23 オ いまだ熟していないこと
24 オ いまだに終了していないこと
25 イ「正しい」↕「正しくない（邪）」
26 ア 喜も悦も「よろこび」の意
27 ウ「あらましを（概）↓みる（観）」の意
28 オ 穏やかでないこと

点線で折り、解答を隠しても使えます！

熟語の構成②

目標時間 3分

あなたの学習の優先度は？
□A □B □C
使い方は20ページ

●熟語の構成には、次のようなものがある。

ア 同じような意味の字を重ねたもの（例 岩石）
イ 反対または対応の意味を表す字を重ねたもの（例 高低）
ウ 上の字が下の字を修飾しているもの（例 洋画）
エ 下の字が上の字の目的語・補語になっているもの（例 着席）
オ 上の字が下の字の意味を打ち消しているもの（例 非常）

●次の熟語は右のア～オのどれに当たるか、一つ選んで記号を記せ。

□ 1 解凍［　　］
□ 2 入籍［　　］
□ 3 精粗［　　］
□ 4 書架［　　］
□ 5 減刑［　　］
□ 6 引率［　　］
□ 7 山岳［　　］
□ 8 存亡［　　］
□ 9 深紅［　　］
□ 10 攻防［　　］
□ 11 免職［　　］
□ 12 安穏［　　］

□ 13 栄冠［　　］

□ 14 炊飯［　　］

□ 15 暫定［　　］

□ 16 空虚［　　］

□ 17 合掌［　　］

□ 18 捕鯨［　　］

□ 19 不審［　　］

□ 20 傍聴［　　］

□ 21 緩急［　　］

□ 22 鍛錬［　　］

□ 23 潔癖［　　］

□ 24 変換［　　］

□ 25 必携［　　］

□ 26 邪悪［　　］

□ 27 鎮魂［　　］

□ 28 厳封［　　］

標準解答

1 エ「解かす↑凍結を」の意
2 エ「入る↑戸籍に」の意
3 イ「細かい（精）」↕「粗い」
4 ウ「書の↓棚（架）」の意
5 エ「軽くする（減）↑刑罰を」の意
6 ア 引も率も「ひく」の意
7 ア 山も岳も「山」の意
8 イ「存続」↕「滅亡」
9 ウ「濃い（深）↓紅色」の意
10 イ「攻撃」↕「防御」

11 エ「辞めさせる（免ずる）↑職を」の意
12 ア 安も穏も「おだやか」の意
13 ウ「は（栄）えある↓冠」の意
14 エ「炊く↑飯を」の意
15 ウ「しばらく（暫）↓定める」の意
16 ア 空も虚も「むなしい」の意
17 エ「合わせる↑てのひら（掌）を」の意
18 エ「捕らえる↑鯨を」の意
19 オ 詳しく明らか（審）でないこと
20 ウ「傍らで↓聴く」の意

21 イ「緩やか」↕「急」
22 ア 鍛も錬も「きたえる」の意
23 ウ「不潔を嫌う↓癖」の意
24 ア 変も換も「かえる」の意
25 ウ「必ず↓携える」の意
26 ア 邪も悪も「わるい」の意
27 エ「鎮める↑魂を」の意
28 ウ「厳重に↓封鎖する」の意

点線で折り、解答を隠しても使えます！

2時間目

難易度Ⅱ

部首①

●次の漢字の部首をア～エから一つ選び、記号を記せ。

□ 1 超（ア土　イ走　ウ口　エ刀）［　　］

□ 2 菊（ア木　イ米　ウ艹　エ勹）［　　］

□ 3 痘（ア广　イ疒　ウ豆　エ厂）［　　］

□ 4 削（ア亅　イ月　ウ⺌　エ刂）［　　］

□ 5 零（ア⻗　イ丶　ウ冖　エ𠆢）［　　］

□ 6 緊（ア臣　イ糸　ウ又　エ小）［　　］

□ 7 慰（ア尸　イ寸　ウ心　エ示）［　　］

□ 8 擁（ア幺　イ亠　ウ隹　エ扌）［　　］

□ 9 疾（ア广　イ疒　ウ冫　エ矢）［　　］

□ 10 圏（ア大　イ己　ウ人　エ囗）［　　］

□ 11 骨（ア骨　イ冂　ウ冖　エ月）［　　］

□ 12 勘（ア八　イ力　ウ匚　エ甘）［　　］

目標時間
2分

あなたの学習の優先度は？
□A □B □C
使い方は20ページ

13 欺（ア 八　イ 欠　ウ 人　エ 甘）［　］

14 郊（ア 阝　イ 父　ウ 亠　エ 八）［　］

15 霊（ア 冖　イ 二　ウ 一　エ ⻗）［　］

16 郭（ア 阝　イ 口　ウ 亠　エ 子）［　］

17 藩（ア 艹　イ 田　ウ 釆　エ 氵）［　］

18 厘（ア 厂　イ 土　ウ 田　エ 里）［　］

19 封（ア 寸　イ 丶　ウ 土　エ 十）［　］

20 欧（ア 匸　イ 欠　ウ ノ　エ 人）［　］

21 墜（ア 八　イ 土　ウ 豖　エ 阝）［　］

22 殊（ア 木　イ 歹　ウ 二　エ 夕）［　］

標準解答

1 イ 走（そうにょう）
2 ウ 艹（くさかんむり）
3 イ 疒（やまいだれ）
4 エ 刂（りっとう）
5 ア ⻗（あめかんむり）
6 イ 糸（いと）
7 ウ 心（こころ）
8 エ 扌（てへん）
9 イ 疒（やまいだれ）
10 エ 囗（くにがまえ）
11 ア 骨（ほね）
12 イ 力（ちから）
13 イ 欠（あくび）
14 ア 阝（おおざと）
15 エ ⻗（あめかんむり）
16 ア 阝（おおざと）
17 ア 艹（くさかんむり）
18 ア 厂（がんだれ）
19 ア 寸（すん）
20 イ 欠（あくび）
21 イ 土（つち）
22 イ 歹（かばねへん）

点線で折り、解答を隠しても使えます!

2時間目

難易度Ⅱ

部首②

目標時間
2分

あなたの学習の優先度は?
□A □B □C
使い方は20ページ

●次の漢字の部首をア～エから一つ選び、記号を記せ。

□ 1 酵（ア西　イ孑　ウ耂　エ酉）［　］

□ 2 某（ア甘　イ木　ウ日　エ十）［　］

□ 3 賢（ア又　イ臣　ウ匚　エ貝）［　］

□ 4 老（ア土　イ耂　ウ匕　エノ）［　］

□ 5 塗（ア示　イ氵　ウ人　エ土）［　］

□ 6 裂（ア歹　イ亠　ウ刂　エ衣）［　］

□ 7 房（ア戸　イ一　ウ方　エ尸）［　］

□ 8 廊（ア厂　イ良　ウ阝　エ广）［　］

□ 9 賊（ア十　イ弋　ウ戈　エ貝）［　］

□ 10 嬢（ア女　イ八　ウ衣　エ亠）［　］

□ 11 冠（ア冖　イ寸　ウ二　エ儿）［　］

□ 12 卸（ア十　イ缶　ウ止　エ卩）［　］

□ 13 慈（ア 心　イ 一　ウ 幺　エ 亠）［　　］

□ 14 髄（ア 骨　イ 月　ウ 冖　エ 辶）［　　］

□ 15 契（ア 大　イ 人　ウ 土　エ 刀）［　　］

□ 16 喫（ア 口　イ 刀　ウ 王　エ 大）［　　］

□ 17 膨（ア 彡　イ 月　ウ 士　エ 豆）［　　］

□ 18 虚（ア ト　イ 厂　ウ 虍　エ 匕）［　　］

□ 19 彫（ア 土　イ 口　ウ 冂　エ 彡）［　　］

□ 20 遭（ア 二　イ 辶　ウ 艹　エ 日）［　　］

□ 21 宴（ア 宀　イ 日　ウ 冖　エ 女）［　　］

□ 22 赴（ア ト　イ 土　ウ 走　エ 人）［　　］

標準解答

1 エ 酉（とりへん）
2 イ 木（き）
3 エ 貝（かい）
4 イ 耂（おいかんむり）
5 エ 土（つち）
6 エ 衣（ころも）
7 ア 戸（とだれ）
8 エ 广（まだれ）
9 エ 貝（かいへん）
10 ア 女（おんなへん）
11 ア 冖（わかんむり）
12 エ 卩（わりふ）
13 ア 心（こころ）
14 ア 骨（ほねへん）
15 ア 大（だい）
16 ア 口（くちへん）
17 イ 月（にくづき）
18 ウ 虍（とらがしら）
19 エ 彡（さんづくり）
20 イ 辶（しんにょう）
21 ア 宀（うかんむり）
22 ウ 走（そうにょう）

点線で折り、解答を隠しても使えます！

2時間目

難易度Ⅱ

対義語・類義語①

目標時間 5分

あなたの学習の優先度は？

□A □B □C

使い方は20ページ

●次の□の中の語を一度だけ使って漢字に直し、対義語・類義語を記せ。

対義語

□ 1 需要―供□

□ 2 劣悪―□良

□ 3 違反―遵□

□ 4 一般―□殊

類義語

□ 5 恒久―□遠

□ 6 座視―傍□

□ 7 再生―□活

□ 8 露見―□覚

えい・かん・きゅう・しゅ・とく・はっ・ふっ・ゆう

対義語

□ 9 一致―□違

□ 10 怠慢―□勉

□ 11 邪悪―□良

□ 12 緩慢―敏□

類義語

□ 13 没頭―□念

□ 14 借金―□債

□ 15 平定―鎮□

□ 16 激賞―絶□

あつ・きん・さん・せん・ぜん・そう・そく・ふ

対義語

□ 17 繁雑―□略

□ 18 主食―□食

□ 19 具体―抽□

□ 20 衰退―隆□

類義語

□ 21 監禁―幽□

□ 22 倹約―□約

□ 23 誘導―□内

□ 24 熱狂―興□

あん・かん・しょう・せい・せつ・ふく・ふん・へい

対義語

□ 25 歓喜―□哀

□ 26 追加―削□

□ 27 既刊―□刊

□ 28 固辞―□諾

類義語

□ 29 重体―□篤

□ 30 了解―□得

□ 31 決心―□悟

□ 32 容赦―堪□

かい・かく・じゅう・じょ・なっ・にん・ひ・み

標準解答

1 供給《きょうきゅう》　2 優良《ゆうりょう》　3 遵守《じゅんしゅ》　4 特殊《とくしゅ》

5 永遠《えいえん》　6 傍観《ぼうかん》　7 復活《ふっかつ》　8 発覚《はっかく》

---

9 相違《そうい》　10 勤勉《きんべん》　11 善良《ぜんりょう》　12 敏速《びんそく》

13 専念《せんねん》　14 負債《ふさい》　15 鎮圧《ちんあつ》　16 絶賛《ぜっさん》

---

17 簡略《かんりゃく》　18 副食《ふくしょく》　19 抽象《ちゅうしょう》　20 隆盛《りゅうせい》

21 幽閉《ゆうへい》　22 節約《せつやく》　23 案内《あんない》　24 興奮《こうふん》

---

25 悲哀《ひあい》　26 削除《さくじょ》　27 未刊《みかん》　28 快諾《かいだく》

29 重篤《じゅうとく》　30 納得《なっとく》　31 覚悟《かくご》　32 堪忍《かんにん》

点線で折り、解答を隠しても使えます!

2時間目

難易度Ⅱ

対義語・類義語②

目標時間 5分

あなたの学習の優先度は?
□A □B □C
使い方は20ページ

●次の□の中の語を一度だけ使って漢字に直し、対義語・類義語を記せ。

対義語

□ 1 末尾―冒□
□ 2 敵対―□調
□ 3 鎮静―興□
□ 4 恥辱―□誉

類義語

□ 5 起伏―高□
□ 6 携帯―所□
□ 7 了承―□諾
□ 8 閉口―□惑

えい・きょ・きょう・こん・じ・てい・とう・ふん

対義語

□ 9 沈下―隆□
□ 10 郊外―□心
□ 11 冗長―□潔
□ 12 本業―□業

類義語

□ 13 幼稚―未□
□ 14 住宅―家□
□ 15 関与―介□
□ 16 潤沢―□富

おく・かん・き・じゅく・と・にゅう・ふく・ほう

対義語

□ 17 辛勝―惜□

□ 18 進展―□滞

□ 19 衰微―繁□

□ 20 華美―質□

類義語

□ 21 許可―□認

□ 22 堅持―□守

□ 23 団結―結□

□ 24 対等―互□

えい・かく・こ・しょう・そ・そく・てい・はい

対義語

□ 25 雇用―□雇

□ 26 偶然―□然

□ 27 貯蓄―消□

□ 28 削除―追□

類義語

□ 29 総菜―□食

□ 30 辛抱―□慢

□ 31 安穏―□災

□ 32 帰郷―帰□

か・が・かい・せい・そく・ひ・ひつ・ふく

標準解答

1 冒頭《ぼうとう》
2 協調《きょうちょう》
3 興奮《こうふん》
4 栄誉《えいよ》
5 高低《こうてい》
6 所持《しょじ》
7 許諾《きょだく》
8 困惑《こんわく》

9 隆起《りゅうき》
10 都心《としん》
11 簡潔《かんけつ》
12 副業《ふくぎょう》
13 未熟《みじゅく》
14 家屋《かおく》
15 介入《かいにゅう》
16 豊富《ほうふ》

17 惜敗《せきはい》
18 停滞《ていたい》
19 繁栄《はんえい》
20 質素《しっそ》
21 承認《しょうにん》
22 固守《こしゅ》
23 結束《けっそく》
24 互角《ごかく》

25 解雇《かいこ》
26 必然《ひつぜん》
27 消費《しょうひ》
28 追加《ついか》
29 副食《ふくしょく》
30 我慢《がまん》
31 息災《そくさい》
32 帰省《きせい》

点線で折り、解答を隠しても使えます!

四字熟語

目標時間
5分

あなたの学習の優先度は?
□A □B □C
使い方は20ページ

●次の——線のカタカナを漢字で記せ。

□ 1 選手たちがイキ揚々と入場する。［　　］
□ 2 試合に勝ってもユダン大敵だ。［　　］
□ 3 犯人の逮捕でイッケン落着した。［　　］
□ 4 コウウン流水の人生を貫く。［　　］
□ 5 郷土の故事ライレキを調べる。［　　］
□ 6 デンコウ石火のごとく終わった。［　　］
□ 7 因果オウホウと考えて納得する。［　　］
□ 8 あの店はセンキャク万来だ。［　　］
□ 9 彼の人生はジュンプウ満帆だ。［　　］
□ 10 悪に加担するとは言語ドウダンだ。［　　］
□ 11 教師の説明はタンジュン明快だ。［　　］
□ 12 得られた情報をシュシャ選択する。［　　］
□ 13 担当者にタントウ直入に尋ねる。［　　］
□ 14 まさにメイキョウ止水の心境だ。［　　］
□ 15 三寒シオンで着る物に悩む日々だ。［　　］
□ 16 事実ムコンの報道を否定する。［　　］
□ 17 キヨウ貧乏で損ばかりしている。［　　］
□ 18 ヨウシ端麗な若者が選抜された。［　　］

□ 19 空前ゼツゴの大作戦が決行された。［　　］

□ 20 我が社の人材は玉石コンコウだ。［　　］

□ 21 偉人の多くはタイキ晩成だった。［　　］

□ 22 シンザン幽谷の古寺を訪ねる。［　　］

□ 23 テンイ無縫な性格がうらやましい。［　　］

□ 24 二人は大胆フテキな行動に出た。［　　］

□ 25 平穏ブジな日々が何より幸福だ。［　　］

□ 26 チュウヤ兼行で突貫工事を進める。［　　］

□ 27 職人のメンモク躍如たる出来だ。［　　］

□ 28 フロウ長寿の薬を夢見る。［　　］

□ 29 小さな失敗は日常サハンだ。［　　］

□ 30 難攻フラクと言われた名城だ。［　　］

□ 31 品物を二束サンモンで売った。［　　］

□ 32 同輩のメイロン卓説に舌を巻いた。［　　］

標準解答

1 意気
2 油断
3 一件
4 行雲
5 来歴
6 電光
7 応報
8 千客
9 順風
10 道断
11 単純
12 取捨
13 単刀
14 明鏡
15 四温
16 無根
17 器用
18 容姿
19 絶後
20 混交
21 大器
22 深山
23 天衣
24 不敵
25 無事
26 昼夜
27 面目
28 不老
29 茶飯
30 不落
31 三文
32 名論

点線で折り、解答を隠しても使えます!

2時間目

難易度Ⅱ

誤字訂正①

目標時間
5分

あなたの学習の優先度は?
□A □B □C
使い方は20ページ

●次の文中に間違って使われている同じ音訓の漢字が一字ある。その誤字と正しい漢字を記せ。

□ **1** 住民の依頼で、市役所と委託契約をした専門業者が害虫の駆徐を行った。　〔　→　〕

□ **2** 太陽光発電機を供えた住宅が販売され、予想以上の売れ行きだ。　〔　→　〕

□ **3** 先日の集中豪雨で土砂が海に流入し、擁殖業者に壊滅的な打撃を与えた。　〔　→　〕

□ **4** この洋服は、動植物由来の天然洗料で着色されていて肌にやさしい。　〔　→　〕

□ **5** 経費削限のため照明を外し空調を弱めたが、仕事の能率が低下した。　〔　→　〕

□ **6** 野菜を育てる以外に、自社工場での可工から販売まで手掛ける農家がある。　〔　→　〕

□ **7** 何の片哲もない意見を述べたが、作為的な回答が多い中で逆に目立った。　〔　→　〕

□ **8** 長年に渡る会社の業績への寄与が認められ、課長から役員に昇閣した。　〔　→　〕

□ **9** 監視カメラで違法伐裁の一部始終が撮られ、関係者が全員処罰された。［　→　］

□ **10** 毎日の怒力も大事だが、体を壊すようでは本末転倒になってしまう。［　→　］

□ **11** 販売が低迷し売上が伸び悩む中、現状打開のため大胆な企画を程案した。［　→　］

□ **12** 環境への拝慮と節電の意識から、熱効率のよい電化製品へ買い替えを行った。［　→　］

□ **13** 新聞記者の質問を一切断るなど、真剣な謝罪の私勢が全く感じられない。［　→　］

□ **14** 雑誌の取材で、国内経財の現状と今後の見通しについて有識者が語った。［　→　］

標準解答

1 徐→除
2 供→備
3 擁→養
4 洗→染
5 限→減
6 可→加
7 片→変
8 閣→格
9 裁→採
10 怒→努
11 程→提
12 拝→配
13 私→姿
14 財→済

1 **駆除《くじょ》**→害虫などを追い払うこと。
3 **養殖《ようしょく》**→魚や貝などを人工的に飼育して、繁殖させること。
7 **変哲《へんてつ》**→ふつうと違って変わっていること。
9 **伐採《ばっさい》**→山などの木を切り出すこと。

点線で折り、解答を隠しても使えます!

2時間目

難易度Ⅱ

誤字訂正②

目標時間 5分

あなたの学習の優先度は? □A □B □C
使い方は20ページ

●次の文中に間違って使われている同じ音訓の漢字が一字ある。その誤字と正しい漢字を記せ。

□ **1** 西欧の絵画を多数補有し、一部を文化の振興を図るために公開している。 ［　↓　］

□ **2** 大きな目的を達成するため、まずは実現可能な目評と期限を設定した。 ［　↓　］

□ **3** 古代中国には、猛獣を戦闘用に買い慣らして戦地に投入した記録がある。 ［　↓　］

□ **4** 訳あり商品として通常より格安で販売した基格外の果物が売り切れた。 ［　↓　］

□ **5** 宅地開発に反対する団体が、環境保全を求める諸名を市長に提出した。 ［　↓　］

□ **6** 交通事故から約一週間、医師や看護師らの治療で奇篤状態から脱した。 ［　↓　］

□ **7** 県の奉仕活動の推伸委員会に登録し、指導者としての教育を受ける。 ［　↓　］

□ **8** 貿易商人だった祖父が一代で築いた偉産を、孫が一代で使い果たす。 ［　↓　］

□ 9 停迷を続ける我が国の景気とは裏腹に新興国では個人消費が伸びている。 ［ ↓ ］

□ 10 小学生時代に始めた切手衆集を、老後の趣味として再開する人は多い。 ［ ↓ ］

□ 11 源泉の湯量が飽富なため、立ち並ぶ温泉宿に全国各地から湯治客が訪れる。 ［ ↓ ］

□ 12 幼児の脳は、雨を待つ乾いた地面のように、新しく得た知識を求収する。 ［ ↓ ］

□ 13 相互の感情は別として、友交関係を構築する必要性は等しく認識している。 ［ ↓ ］

□ 14 安全確保のため、集合住宅では定期的に室内の警報機の検照を行う。 ［ ↓ ］

標準解答

1 補→保
2 評→標
3 買→飼
4 基→規
5 諸→署
6 奇→危
7 伸→進
8 偉→遺
9 停→低
10 衆→収
11 飽→豊
12 求→吸
13 交→好
14 照→証

4 **規格**《きかく》→生産品などの社会一般の標準。
5 **署名**《しょめい》→自分の氏名を書き記すこと。
6 **危篤**《きとく》→今にも死にそうな状態。
7 **推進**《すいしん》→物事を達成するように進めること。
14 **検証**《けんしょう》→調査して証明すること。

点線で折り、解答を隠しても使えます!

2時間目

難易度Ⅱ

書き取り①

目標時間　5分

あなたの学習の優先度は？

□A □B □C

使い方は20ページ

●次の――線のカタカナを漢字に直せ。

□ 1 夕食の材料をチョウタツする。

□ 2 雨が降りそうなハイイロの空だ。

□ 3 ヒンジャクな体を鍛え上げる。

□ 4 首都移転のコウソウについて語る。

□ 5 部屋中に物がサンランしている。

□ 6 時間タンシュクのため機械化する。

□ 7 メンミツに計画を打ち合わせる。

□ 8 デマドの多い一軒家を買った。

□ 9 総大将がハタジルシを掲げた。

□ 10 故郷の両親からコヅツミが届く。

□ 11 恩師からの手紙をハイケンする。

□ 12 小さい字をチカヨって見る。

□ 13 避暑地でカイテキに過ごす。

□ 14 被害者のキョウチュウを思いやる。

□ 15 提出した企画がヨウニンされた。

□ 16 ヌノセイのカバンを自作する。

□ 17 多くの人命を奪った災害をニクむ。

□ 18 道路のカクチョウ工事が始まる。

□ 19 モヨりの駅から歩いて数分だ。

□ 20 海にモグってサザエを採取する。

21 ヒツジカいが牧草地で群れを動かす。 [　　]

22 新しい機械のソウサに不慣れだ。 [　　]

23 ゴクヒに進めてきた任務だ。 [　　]

24 説明はナットクのいくものだ。 [　　]

25 ケワしい表情で切々と語った。 [　　]

26 火加減を間違えて卵がコげる。 [　　]

27 慎重を期して早めに用事をスます。 [　　]

28 地下金庫にサツタバを保管する。 [　　]

29 ネンガンがかなって留学をする。 [　　]

30 激しいロンセンを繰り広げた。 [　　]

31 マドベからの絶景にいやされる。 [　　]

32 自身の能力のゲンカイを知る。 [　　]

33 ウルオいのある生活を送る。 [　　]

34 最後の一周でランナーがキソい合う。 [　　]

35 事故の惨状を見て心をイタめる。 [　　]

36 多少のゴサは認めるしかない。 [　　]

標準解答

1 調達
2 灰色
3 貧弱
4 構想
5 散乱
6 短縮
7 綿密
8 出窓
9 旗印
10 小包
11 拝見
12 近寄
13 快適
14 胸中
15 容認
16 布製
17 憎
18 拡張
19 最寄
20 潜
21 羊飼
22 操作
23 極秘
24 納得
25 険
26 焦
27 済
28 札束
29 念願
30 論戦
31 窓辺
32 限界
33 潤
34 競
35 痛
36 誤差

点線で折り、解答を隠しても使えます！

2時間目

難易度Ⅱ

書き取り②

目標時間
5分

あなたの学習の優先度は?
□A □B □C
使い方は20ページ

●次の——線のカタカナを漢字に直せ。

□ 1 ジシャクを使って実験を行う。

□ 2 いてつく寒さがホネミにしみた。

□ 3 批判を受けるスジアいはない。

□ 4 三連休を利用してイナカに帰る。

□ 5 子供が自然の中でスコやかに育つ。

□ 6 ココロザシをもって勉学に励む。

□ 7 空をクレナイに染めて太陽が沈む。

□ 8 現役をシリゾいても勉強を続ける。

□ 9 ビョウシンのない時計を買う。

□ 10 新商品の開発にケントウを重ねる。

□ 11 この店は商工会にカメイしている。

□ 12 緊急事態にスミやかに対処した。

□ 13 台風一過でヨクジツは晴天だった。

□ 14 他者の心情をオし量る。

□ 15 シンピ的な印象を受ける絵画だ。

□ 16 孫にシュウショク祝いを贈る。

□ 17 フンマツのだしを湯に溶かす。

□ 18 準備万端で大事な試合にノゾんだ。

□ 19 夜空に輝くセイザを観察する。

□ 20 大木は根と太いミキが支えている。

標準解答

1 磁石
2 骨身
3 筋合
4 田舎
5 健
6 志
7 紅
8 退
9 秒針
10 検討
11 加盟
12 速
13 翌日
14 推
15 神秘
16 就職
17 粉末
18 臨
19 星座
20 幹
21 軽快
22 質疑
23 招待
24 経
25 裏道
26 提起
27 完熟
28 背広
29 風潮
30 座
31 案件
32 序列
33 預金
34 雑誌
35 痛快
36 延長

点線で折り、解答を隠しても使えます!

□ 21 ケイカイな足取りで出かけた。［　　］
□ 22 講演の後にシツギの時間を設ける。［　　］
□ 23 結婚式のショウタイ状が届いた。［　　］
□ 24 茶道は何世紀もへた伝承文化だ。［　　］
□ 25 ウラミチを通ったほうが早く着く。［　　］
□ 26 会議の場で問題テイキをする。［　　］
□ 27 カンジュクしたメロンを収穫する。［　　］
□ 28 新調したセビロを着て写真を撮る。［　　］
□ 29 社会のフウチョウに異を唱える。［　　］
□ 30 円卓の席にスワって中華料理を待つ。［　　］
□ 31 多くのアンケンを手掛ける弁護士だ。［　　］
□ 32 年功ジョレツが残っている会社だ。［　　］
□ 33 ヨキン残高を照会する。［　　］
□ 34 ザッシを読みながら順番を待つ。［　　］
□ 35 ストーリーがツウカイなドラマだ。［　　］
□ 36 エンチョウ戦に突入する。［　　］

特別な読み方

漢字の訓読みには、特殊な読み方をするものがあります。たとえば「雪」一字の訓読みは「ゆき」ですが、「吹雪」と書くと「ふぶき」、「雪崩」と書くと「なだれ」と読みます。このように、中学までに習う特殊な訓読み（熟字訓・当て字）の語を下記にまとめました。確実に読めるようにしておきましょう。

- 明日（あす）
- 小豆（あずき）
- 硫黄（いおう）
- 意気地（いくじ）
- 田舎（いなか）
- 海原（うなばら）
- 乳母（うば）
- 浮つく（うわつく）
- 笑顔（えがお）
- 叔父・伯父（おじ）
- 大人（おとな）
- 乙女（おとめ）
- 叔母・伯母（おば）
- お巡りさん（おまわりさん）
- 風邪（かぜ）
- 仮名（かな）
- 為替（かわせ）
- 果物（くだもの）

- 心地（ここち）
- 早乙女（さおとめ）
- 差し支える（さしつかえる）
- 五月晴れ（さつきばれ）
- 早苗（さなえ）
- 五月雨（さみだれ）
- 時雨（しぐれ）
- 竹刀（しない）
- 芝生（しばふ）
- 三味線（しゃみせん）
- 砂利（じゃり）
- 白髪（しらが）
- 相撲（すもう）
- 草履（ぞうり）
- 太刀（たち）
- 立ち退く（たちのく）
- 足袋（たび）
- 梅雨（つゆ）

- 凸凹（でこぼこ）
- 名残（なごり）
- 雪崩（なだれ）
- 博士（はかせ）
- 二十・二十歳（はたち）
- 波止場（はとば）
- 日和（ひより）
- 吹雪（ふぶき）
- 迷子（まいご）
- 土産（みやげ）
- 息子（むすこ）
- 紅葉（もみじ）
- 木綿（もめん）
- 最寄り（もより）
- 八百屋（やおや）
- 大和（やまと）
- 行方（ゆくえ）
- 若人（わこうど）

3 時間目

難易度Ⅲ

３時間目は試験で200点中135点を目指すレベルです。
合格範囲内の140点まであと少しです。
気合いを入れてがんばりましょう。

3時間目

難易度Ⅲ

読み①

目標時間 3分

●次の——線の漢字の読みをひらがなで記せ。

□ 1 避難所の慰問に知事が訪れた。〔　　〕

□ 2 寄せなべの最後は雑炊にする。〔　　〕

□ 3 危機感が欠如し事故が起きた。〔　　〕

□ 4 自転車のギアに潤滑油をさす。〔　　〕

□ 5 人権擁護のポスターを描く。〔　　〕

□ 6 確認を怠るのは、事故の元だ。〔　　〕

□ 7 納豆は大豆を発酵させてできる。〔　　〕

□ 8 かぜで鼻孔が詰まっている。〔　　〕

□ 9 小論文の添削指導を受ける。〔　　〕

□ 10 引退したら平穏な日々を送りたい。〔　　〕

□ 11 心憎いばかりのもてなしを受ける。〔　　〕

□ 12 慰留するも、彼の決意は固かった。〔　　〕

□ 13 老婆心ながら、あえて忠告した。〔　　〕

□ 14 辛苦を乗り越えて一回り成長した。〔　　〕

□ 15 不況で零細企業の経営が厳しい。〔　　〕

□ 16 冗漫な演説は共感を得られない。〔　　〕

□ 17 目的を遂行するまではやめない。〔　　〕

□ 18 臨時職員を雇い急場をしのいだ。〔　　〕

あなたの学習の優先度は?

□A □B □C

使い方は20ページ

19 修行を重ねて真理を**悟**る。［　　］

20 大事な箇所を**抜粋**して記載する。［　　］

21 会議の出欠の返事を**催促**された。［　　］

22 女優が**悲哀**感たっぷりに演じた。［　　］

23 ビルに管理人が**常駐**している。［　　］

24 事件の真相を**秘匿**する。［　　］

25 **鶏舎**を毎日掃除して清潔を保つ。［　　］

26 大事な接待で**粗相**をした。［　　］

27 当時の状況が**克明**に記されている。［　　］

28 親の顔にどろを**塗**る行為だ。［　　］

29 大きな氷の**塊**を作る。［　　］

30 半世紀前の学生時代を**回顧**する。［　　］

31 **険阻**な山道を登山隊が通過する。［　　］

32 国会で決議が**採択**された。［　　］

標準解答

1 いもん
2 ぞうすい
3 けつじょ
4 じゅんかつ
5 ようご
6 おこた
7 はっこう
8 びこう
9 てんさく
10 へいおん
11 こころにく
12 いりゅう
13 ろうばしん
14 しんく
15 れいさい
16 じょうまん
17 すいこう
18 やと
19 さと
20 ばっすい
21 さいそく
22 ひあい
23 じょうちゅう
24 ひとく
25 けいしゃ
26 そそう
27 こくめい
28 ぬ
29 かたまり
30 かいこ
31 けんそ
32 さいたく

1 **慰問**《いもん》→苦しんでいる人などを見舞うこと。
12 **慰留**《いりゅう》→なだめて思いとどまらせること。
24 **秘匿**《ひとく》→隠して秘密にしておくこと。
26 **粗相**《そそう》→不注意などから失敗をすること。
27 **克明**《こくめい》→細かいところまで行き届いていること。
30 **回顧**《かいこ》→過去を思い起こすこと。

点線で折り、解答を隠しても使えます!

3時間目

難易度Ⅲ

読み②

目標時間
3分

●次の――線の漢字の読みをひらがなで記せ。

□ 1 熱い闘魂をひしひしと感じる。〔　　〕

□ 2 目の粗い織物は風通しがよい。〔　　〕

□ 3 人材の激しい争奪戦を繰り広げる。〔　　〕

□ 4 不要不急の規制を緩和する。〔　　〕

□ 5 昇進祝いにささやかな宴を開いた。〔　　〕

□ 6 人手不足で生産が停滞する。〔　　〕

□ 7 庭ではキンモクセイの香りが漂う。〔　　〕

□ 8 廊下の床を念入りに掃除する。〔　　〕

□ 9 経営方針を転換する契機となった。〔　　〕

□ 10 長男に会社を譲渡する。〔　　〕

□ 11 玄関に木彫りの置物を飾る。〔　　〕

□ 12 横殴りの雨が窓に吹きつける。〔　　〕

□ 13 教え子が優勝し、誠に感慨深い。〔　　〕

□ 14 輪郭の線をはっきり描くとよい。〔　　〕

□ 15 選手の緩慢な動きで試合に負けた。〔　　〕

□ 16 潤沢な資金を新事業につぎ込む。〔　　〕

□ 17 見慣れない人物を思わず凝視した。〔　　〕

□ 18 退路を断って難事に立ち向かう。〔　　〕

あなたの学習の優先度は?
□A □B □C
使い方は20ページ

□ 19 隣の家とはへいで隔てられている。 ［　　］

□ 20 飛行機の墜落事故を目撃した。 ［　　］

□ 21 住民の知恵で耐乏生活を乗り切る。 ［　　］

□ 22 先人から受け継いだやり方を貫く。 ［　　］

□ 23 くつを脱いで浅瀬まで入った。 ［　　］

□ 24 事を荒立てず穏便に済ます。 ［　　］

□ 25 彼は清廉なイメージの政治家だ。 ［　　］

□ 26 コンテストに作品を応募する。 ［　　］

□ 27 屈託のない笑顔にいやされる。 ［　　］

□ 28 他界した父の幻影を追い求める。 ［　　］

□ 29 遠くで子供の甲高い声が聞こえる。 ［　　］

□ 30 辞表を出した部下に翻意を促した。 ［　　］

□ 31 試合前にチームの士気が高揚する。 ［　　］

□ 32 滝に打たれて精神を統一する。 ［　　］

標準解答

1 とうこん
2 あら
3 そうだつ
4 かんわ
5 しょうしん
6 ていたい
7 ただよ
8 ろうか
9 けいき
10 じょうと
11 きぼ
12 よこなぐ
13 かんがい
14 りんかく
15 かんまん
16 じゅんたく
17 ぎょうし
18 た
19 へだ
20 ついらく
21 たいぼう
22 つらぬ
23 あさせ
24 おんびん
25 せいれん
26 おうぼ
27 くったく
28 げんえい
29 かんだか
30 ほんい
31 こうよう
32 たき

15 緩慢《かんまん》→動きがゆっくりでのろいこと。

24 穏便《おんびん》→波風を立てずにおだやかに行うこと。

25 清廉《せいれん》→心が清らかで私欲のないこと。

27 屈託《くったく》→心配したり、くよくよしたりすること。

30 翻意《ほんい》→決意をひるがえして変えること。

点線で折り、解答を隠しても使えます！

3時間目

難易度Ⅲ

読み③

目標時間 3分

あなたの学習の優先度は？

□A □B □C

使い方は20ページ

●次の――線の漢字の読みをひらがなで記せ。

□ 1 **嫁**いだ娘からの便りが楽しみだ。［　　］

□ 2 遺産の一部を**慈善**事業に寄付する。［　　］

□ 3 愛深き**故**に彼を苦しめてしまった。［　　］

□ 4 携帯電話で**緊密**に連絡を取り合う。［　　］

□ 5 その小説は三か国語に**翻訳**された。［　　］

□ 6 **炎**に包まれて跡形もなく焼失した。［　　］

□ 7 他社の**追随**を許さない品質だ。［　　］

□ 8 **辛**いラーメンを食べて汗を流す。［　　］

□ 9 沖には**数隻**の船が見えている。［　　］

□ 10 家庭の内情を**暴露**し非難される。［　　］

□ 11 **負債**が三億円に上り、倒産した。［　　］

□ 12 指名手配犯がついに**逮捕**された。［　　］

□ 13 人間も自然の**摂理**を無視できない。［　　］

□ 14 祖父が**危篤**という知らせを受けた。［　　］

□ 15 自転車のパンクを**修繕**する。［　　］

□ 16 **抽象**画を理解するのは難しい。［　　］

□ 17 **巧妙**な手口で商品が盗まれた。［　　］

□ 18 お化け役の先生に**脅**かされた。［　　］

□ 19 重要な案件を取締役会に諮る。［　　］

□ 20 夏の間、避暑地に滞留する。［　　］

□ 21 言論の自由を抑圧されて反発した。［　　］

□ 22 穴埋め式の問題なら得意だ。［　　］

□ 23 よく使い込んだ包丁を研ぐ。［　　］

□ 24 レンズの焦点を合わせる。［　　］

□ 25 港湾に大きな船が停泊している。［　　］

□ 26 名残惜しいが今日でお別れだ。［　　］

□ 27 工場で鋳造の様子を見学した。［　　］

□ 28 夫は私の掌中にあるようなものだ。［　　］

□ 29 母親が米寿を迎え、祝宴を催す。［　　］

□ 30 両親に対して敬慕の念を持つ。［　　］

□ 31 実家では鶏を飼育している。［　　］

□ 32 外国で逃亡者の身柄を拘束した。［　　］

標準解答

1 とつ
2 じぜん
3 ゆえ
4 きんみつ
5 ほんやく
6 ほのお
7 ついずい
8 から
9 すうせき
10 ばくろ
11 ふさい
12 たいほ
13 せつり
14 きとく
15 しゅうぜん
16 ちゅうしょう
17 こうみょう
18 おど
19 はか
20 たいりゅう
21 よくあつ
22 あなう
23 と
24 しょうてん
25 こうわん
26 なごり
27 ちゅうぞう
28 しょうちゅう
29 しゅくえん
30 けいぼ
31 にわとり
32 こうそく

7 **追随《ついずい》**→技量や功績などで、追いつこうとすること。

19 **諮《はか》る**→課題について他人の意見をきくこと。

27 **鋳造《ちゅうぞう》**→金属を鋳型に溶かし入れ、器物をつくること。

28 **掌中《しょうちゅう》**→手のひらのうちのこと。自分が思い通りにできる範囲のこと。

30 **敬慕《けいぼ》**→敬いしたうこと。

漢字識別①

目標時間 3分

あなたの学習の優先度は?
□A □B □C
使い方は20ページ

●三つの□に共通する漢字を□の中から選んで熟語を作り、記号で記せ。

□ 1 □傷・破□・分□ 【　】

□ 2 □善・□愛・□悲 【　】

□ 3 □下・□点・□細 【　】

□ 4 勧□・□惑・□致 【　】

□ 5 書□・除□・国□ 【　】

ア 佳　イ 了　ウ 衝　エ 慈　オ 零
カ 胎　キ 裂　ク 誘　ケ 籍　コ 鎮

□ 6 除□・□潤・陰□ 【　】

□ 7 □納・停□・□在 【　】

□ 8 奇□・□談・□気炎 【　】

□ 9 □進・□成・催□ 【　】

□ 10 □児・□動・母□ 【　】

ア 卑　イ 隻　ウ 炊　エ 滞　オ 怪
カ 促　キ 肝　ク 湿　ケ 巧　コ 胎

11 追□・□筆・付□ 〔　　〕

12 □貨・強□・□直 〔　　〕

13 □闘・□行・果□ 〔　　〕

14 □点・□燥・□慮 〔　　〕

ア 随　イ 徐　ウ 隆　エ 岐　オ 硬
カ 敢　キ 誘　ク 焦

15 □急・□慢・□和 〔　　〕

16 埋□・□落・□収 〔　　〕

17 抑□・浮□・掲□ 〔　　〕

18 野□・□勇・□声 〔　　〕

ア 没　イ 妨　ウ 慈　エ 伸　オ 緩
カ 宴　キ 揚　ク 蛮

標準解答

1 キ（裂傷《れっしょう》・破裂《はれつ》・分裂《ぶんれつ》）
2 エ（慈善《じぜん》・慈愛《じあい》・慈悲《じひ》）
3 オ（零下《れいか》・零点《れいてん》・零細《れいさい》）
4 ク（勧誘《かんゆう》・誘惑《ゆうわく》・誘致《ゆうち》）
5 ケ（書籍《しょせき》・除籍《じょせき》・国籍《こくせき》）
6 ク（除湿《じょしつ》・湿潤《しつじゅん》・陰湿《いんしつ》）
7 エ（滞納《たいのう》・停滞《ていたい》・滞在《たいざい》）
8 オ（奇怪《きかい》・怪談《かいだん》・怪気炎《かいきえん》）
9 カ（促進《そくしん》・促成《そくせい》・催促《さいそく》）
10 コ（胎児《たいじ》・胎動《たいどう》・母胎《ぼたい》）
11 ア（追随《ついずい》・随筆《ずいひつ》・付随《ふずい》）
12 オ（硬貨《こうか》・強硬《きょうこう》・硬直《こうちょく》）
13 カ（敢闘《かんとう》・敢行《かんこう》・果敢《かかん》）
14 ク（焦点《しょうてん》・焦燥《しょうそう》・焦慮《しょうりょ》）
15 オ（緩急《かんきゅう》・緩慢《かんまん》・緩和《かんわ》）
16 ア（埋没《まいぼつ》・没落《ぼつらく》・没収《ぼっしゅう》）
17 キ（抑揚《よくよう》・浮揚《ふよう》・掲揚《けいよう》）
18 ク（野蛮《やばん》・蛮勇《ばんゆう》・蛮声《ばんせい》）

点線で折り、解答を隠しても使えます！

3時間目

難易度Ⅲ

漢字識別②

目標時間 3分

あなたの学習の優先度は？

□A □B □C

使い方は20ページ

●三つの□に共通する漢字を□の中から選んで熟語を作り、記号で記せ。

□ 1 □婚・□製服・□知 〔　　〕

□ 2 □圧・□魂・重□ 〔　　〕

□ 3 □定・□弁・□案 〔　　〕

□ 4 □離・遠□・間□ 〔　　〕

□ 5 □越・□抜・食□ 〔　　〕

ア 軸　イ 随　ウ 鎮　エ 勘　オ 隔
カ 控　キ 既　ク 虐　ケ 卓　コ 芳

□ 6 □回・強□・争□ 〔　　〕

□ 7 沈□・□在・□伏 〔　　〕

□ 8 □当・平□・安□ 〔　　〕

□ 9 □胆・闘□・精□ 〔　　〕

□ 10 □閉・□霊・□玄 〔　　〕

ア 奪　イ 潜　ウ 殊　エ 胞　オ 魂
カ 諾　キ 苗　ク 喚　ケ 穏　コ 幽

11 □厳・□力・権□ 〔　〕

12 □圧・□揚・□制 〔　〕

13 配□者・□像・□発 〔　〕

14 円□・□走・□降 〔　〕

ア 傲　イ 抑　ウ 伏　エ 偶　オ 浪
カ 威　キ 犠　ク 滑

15 □栄・空□・□脱 〔　〕

16 □眼・□身・□一貫 〔　〕

17 遭□・奇□・優□ 〔　〕

18 □露・□挙・□利 〔　〕

ア 潤　イ 壇　ウ 暴　エ 遇　オ 裸
カ 零　キ 鍛　ク 虚

標準解答

1 キ（既婚《きこん》・既製服《きせいふく》・既知《きち》）
2 ウ（鎮圧《ちんあつ》・鎮魂《ちんこん》・重鎮《じゅうちん》）
3 エ（勘定《かんじょう》・勘弁《かんべん》・勘案《かんあん》）
4 オ（隔離《かくり》・遠隔《えんかく》・間隔《かんかく》）
5 ケ（卓越《たくえつ》・卓抜《たくばつ》・食卓《しょくたく》）
6 ア（奪回《だっかい》・強奪《ごうだつ》・争奪《そうだつ》）
7 イ（沈潜《ちんせん》・潜在《せんざい》・潜伏《せんぷく》）
8 ケ（穏当《おんとう》・平穏《へいおん》・安穏《あんのん》）
9 オ（魂胆《こんたん》・闘魂《とうこん》・精魂《せいこん》）
10 コ（幽閉《ゆうへい》・幽霊《ゆうれい》・幽玄《ゆうげん》）
11 カ（威厳《いげん》・威力《いりょく》・権威《けんい》）
12 イ（抑圧《よくあつ》・抑揚《よくよう》・抑制《よくせい》）
13 エ（配偶者《はいぐうしゃ》・偶像《ぐうぞう》・偶発《ぐうはつ》）
14 ク（円滑《えんかつ》・滑走《かっそう》・滑降《かっこう》）
15 ク（虚栄《きょえい》・空虚《くうきょ》・虚脱《きょだつ》）
16 オ（裸眼《らがん》・裸身《らしん》・裸一貫《はだかいっかん》）
17 エ（遭遇《そうぐう》・奇遇《きぐう》・優遇《ゆうぐう》）
18 ウ（暴露《ばくろ》・暴挙《ぼうきょ》・暴利《ぼうり》）

点線で折り、解答を隠しても使えます！

熟語の構成

目標時間
3分

あなたの学習の優先度は？
□A □B □C
使い方は20ページ

●熟語の構成には、次のようなものがある。

ア 同じような意味の字を重ねたもの（例 岩石）
イ 反対または対応の意味を表す字を重ねたもの（例 高低）
ウ 上の字が下の字を修飾しているもの（例 洋画）
エ 下の字が上の字の目的語・補語になっているもの（例 着席）
オ 上の字が下の字の意味を打ち消しているもの（例 非常）

●次の熟語は右のア～オのどれに当たるか、一つ選んで記号を記せ。

□ 1 伴奏［　］
□ 2 暖炉［　］
□ 3 徐行［　］
□ 4 催眠［　］
□ 5 廉価［　］
□ 6 喫茶［　］
□ 7 緩慢［　］
□ 8 往復［　］
□ 9 未明［　］
□ 10 喫煙［　］
□ 11 丘陵［　］
□ 12 休憩［　］

□ 13 粗密［　　］
□ 14 解雇［　　］
□ 15 湿潤［　　］
□ 16 辛勝［　　］

□ 17 盛衰［　　］
□ 18 佳境［　　］
□ 19 海賊［　　］
□ 20 撮影［　　］

□ 21 基礎［　　］
□ 22 不遇［　　］
□ 23 巨匠［　　］
□ 24 侵犯［　　］

□ 25 抱擁［　　］
□ 26 摂取［　　］
□ 27 出納［　　］
□ 28 昇格［　　］

標準解答

1 ウ「ともにする（伴）↓演奏」の意
2 ウ「暖める↓炉」の意
3 ウ「ゆっくりした（徐）↓進行」の意
4 エ「催す↑眠気を」の意
5 ウ「安い（廉）↓価格」の意
6 エ「飲む（喫）↑茶を」の意
7 ア 緩も慢も「おそい」の意
8 イ「行き（往）」↕「帰り（復）」
9 オ 夜が明けていないこと
10 エ「喫する↑タバコ（煙）を」の意

11 ア 丘も陵も「おか、小高いおか」の意
12 ア 休も憩も「やすむ」の意
13 イ「粗い」↕「細かい（密）」
14 エ「解除する↑雇用を」の意
15 ア 湿も潤も「しめる」の意
16 ウ「辛うじて↓勝つ」の意
17 イ「盛ん」↕「衰える」
18 ウ「よい（佳）↓場面・場所（境）」の意
19 ウ「海の↓ぬすびと（賊）」の意
20 エ「撮る↑姿や形を（影）」の意

21 ア 基も礎も「土台、基本」の意
22 オ よい機会にめぐりあ（遇）えないこと
23 ウ「その道のすぐれた（巨）↓匠」の意
24 ア 侵も犯も「おかす」の意
25 ア 抱も擁も「だく」の意
26 ア 摂も取も「取り入れる」の意
27 イ「出す」↕「納める」
28 エ「あがる（昇）↑地位（格）が」の意

点線で折り、解答を隠しても使えます!

部首①

目標時間 2分

あなたの学習の優先度は？
□A □B □C
使い方は20ページ

●次の漢字の部首をア～エから一つ選び、記号を記せ。

□ 1 掌（ア⺍ イ冖 ウ手 エ口）［　］

□ 2 蔵（ア艹 イ戈 ウ臣 エ厂）［　］

□ 3 卓（ア十 イト ウ一 エ日）［　］

□ 4 扇（ア一 イ戸 ウ羽 エ尸）［　］

□ 5 塊（ア儿 イ土 ウ鬼 エ厶）［　］

□ 6 農（ア凵 イ厂 ウノ エ辰）［　］

□ 7 克（ア一 イ口 ウ十 エ儿）［　］

□ 8 幻（ア幺 イ厶 ウ一 エノ）［　］

□ 9 殴（ア殳 イ几 ウ又 エ匚）［　］

□ 10 驚（ア艹 イ勹 ウ馬 エ攵）［　］

□ 11 癖（ア疒 イ广 ウ尸 エ辛）［　］

□ 12 夏（ア夊 イ自 ウ目 エ一）［　］

13 尿（ア 水　イ 亅　ウ 尸　エ 厂）［　］

14 免（ア 口　イ 刀　ウ ノ　エ 儿）［　］

15 葬（ア ヒ　イ 廾　ウ 艹　エ 歹）［　］

16 墓（ア 大　イ 日　ウ 土　エ 艹）［　］

17 戦（ア 日　イ 戈　ウ ⺍　エ 十）［　］

18 鶏（ア 鳥　イ ノ　ウ 大　エ ⺤）［　］

19 衆（ア 血　イ 皿　ウ 罒　エ イ）［　］

20 畜（ア 玄　イ 亠　ウ 幺　エ 田）［　］

21 獄（ア 亠　イ 大　ウ 犭　エ 言）［　］

22 載（ア 戈　イ 車　ウ 土　エ 弋）［　］

標準解答

1 ウ 手（て）
2 ア 艹（くさかんむり）
3 ア 十（じゅう）
4 イ 戸（とだれ）
5 イ 土（つちへん）
6 エ 辰（しんのたつ）
7 エ 儿（ひとあし）
8 ア 幺（よう）
9 ア 殳（るまた）
10 ウ 馬（うま）
11 ア 疒（やまいだれ）
12 ア 夂（すいにょう）
13 ウ 尸（かばね）
14 エ 儿（ひとあし）
15 ウ 艹（くさかんむり）
16 ウ 土（つち）
17 イ 戈（ほこづくり）
18 ア 鳥（とり）
19 ア 血（ち）
20 エ 田（た）
21 ウ 犭（けものへん）
22 イ 車（くるま）

点線で折り、解答を隠しても使えます！

3時間目

難易度Ⅲ

部首②

●次の漢字の部首をア〜エから一つ選び、記号を記せ。

□ 1 暫（ア斤　イ日　ウ車　エ十）［　］

□ 2 衛（ア行　イ彳　ウ口　エ亻）［　］

□ 3 斗（ア斗　イ十　ウ丶　エ丨）［　］

□ 4 魂（ア厶　イ田　ウ鬼　エ儿）［　］

□ 5 我（アノ　イ弋　ウ扌　エ戈）［　］

□ 6 帝（ア巾　イ立　ウ亠　エ冖）［　］

□ 7 翻（ア羽　イ田　ウ米　エ釆）［　］

□ 8 卑（ア十　イノ　ウ白　エ田）［　］

□ 9 窒（ア至　イ宀　ウ穴　エ土）［　］

□ 10 暦（ア一　イ厂　ウ木　エ日）［　］

□ 11 奇（ア口　イ亅　ウ大　エ一）［　］

□ 12 窓（ア穴　イ心　ウ宀　エ厶）［　］

目標時間 2分

あなたの学習の優先度は？

□A □B □C

使い方は20ページ

□ 13 衰（ア衣　イ一　ウ亠　エ口）［　　］

□ 14 乏（ア人　イ乙　ウ丶　エノ）［　　］

□ 15 吏（ア口　イ人　ウ一　エノ）［　　］

□ 16 術（ア彳　イ十　ウ行　エ小）［　　］

□ 17 憲（ア罒　イ心　ウ宀　エ二）［　　］

□ 18 雇（ア一　イ戸　ウ尸　エ隹）［　　］

□ 19 慕（ア大　イ⺗　ウ日　エ艹）［　　］

□ 20 街（ア行　イ彳　ウ亅　エ土）［　　］

□ 21 虐（ア虍　イ匕　ウ匚　エト）［　　］

□ 22 募（ア日　イ艹　ウ大　エ力）［　　］

標準解答

1 イ 日（ひ）
2 ア 行（ぎょうがまえ）
3 ア 斗（とます）
4 ウ 鬼（おに）
5 エ 戈（ほこづくり）
6 ア 巾（はば）
7 ア 羽（はね）
8 ア 十（じゅう）
9 ウ 穴（あなかんむり）
10 エ 日（ひ）
11 ウ 大（だい）
12 ア 穴（あなかんむり）
13 ア 衣（ころも）
14 エ ノ（の）
15 ア 口（くち）
16 ウ 行（ぎょうがまえ）
17 イ 心（こころ）
18 エ 隹（ふるとり）
19 イ ⺗（したごころ）
20 ア 行（ぎょうがまえ）
21 ア 虍（とらがしら）
22 エ 力（ちから）

点線で折り、解答を隠しても使えます！

難易度Ⅲ

対義語・類義語①

目標時間
5分

あなたの学習の優先度は?
□A □B □C
使い方は20ページ

●次の□の中の語を一度だけ使って漢字に直し、対義語・類義語を記せ。

対義語

□ 1 執着—断□

□ 2 終了—開□

□ 3 遠洋—近□

□ 4 辛勝—□勝

類義語

□ 5 道楽—趣□

□ 6 隆盛—繁□

□ 7 勘定—計□

□ 8 出納—□支

えい・かい・さん・し・しゅう・ねん・み・らく

対義語

□ 9 霊魂—肉□

□ 10 上昇—□下

□ 11 幼稚—□練

□ 12 浮動—□定

類義語

□ 13 欠乏—不□

□ 14 通行—□来

□ 15 不穏—険□

□ 16 飽食—満□

あく・おう・こ・こう・そく・たい・ぷく・ろう

対義語

□ 17 起床―□寝

□ 18 虚構―事□

□ 19 粗雑―□密

□ 20 却下―受□

類義語

□ 21 案内―誘□

□ 22 屈伏―□参

□ 23 邪魔―妨□

□ 24 漂泊―□浪

がい・こう・じつ・しゅう・せい・どう・ほう・り

対義語

□ 25 免税―□税

□ 26 定例―□時

□ 27 薄弱―強□

□ 28 凶作―□作

類義語

□ 29 許諾―了□

□ 30 巨木―大□

□ 31 該当―□合

□ 32 形見―□品

い・か・こ・じゅ・しょう・てき・ほう・りん

標準解答

1 断念《だんねん》
2 開始《かいし》
3 近海《きんかい》
4 楽勝《らくしょう》
5 趣味《しゅみ》
6 繁栄《はんえい》
7 計算《けいさん》
8 収支《しゅうし》

9 肉体《にくたい》
10 降下《こうか》
11 老練《ろうれん》
12 固定《こてい》
13 不足《ふそく》
14 往来《おうらい》
15 険悪《けんあく》
16 満腹《まんぷく》

17 就寝《しゅうしん》
18 事実《じじつ》
19 精密《せいみつ》
20 受理《じゅり》
21 誘導《ゆうどう》
22 降参《こうさん》
23 妨害《ぼうがい》
24 放浪《ほうろう》

25 課税《かぜい》
26 臨時《りんじ》
27 強固《きょうこ》
28 豊作《ほうさく》
29 了承《りょうしょう》
30 大樹《たいじゅ》
31 適合《てきごう》
32 遺品《いひん》

点線で折り、解答を隠しても使えます！

3時間目

難易度Ⅲ

対義語・類義語②

目標時間
5分

あなたの学習の優先度は?
□A □B □C
使い方は20ページ

●次の□の中の語を一度だけ使って漢字に直し、対義語・類義語を記せ。

対義語

□1 古豪―□鋭

□2 快諾―□辞

□3 膨張―□縮

□4 山岳―平□

類義語

□5 敢闘―□戦

□6 計算―勘□

□7 支援―□力

□8 明白―□然

こ・しゅう・じょ・じょう・しん・ふん・や・れき

対義語

□9 円満―不□

□10 強情―従□

□11 被告―□告

□12 幼稚―□成

類義語

□13 卑俗―□品

□14 青物―野□

□15 老巧―□練

□16 品位―品□

かく・げ・げん・さい・じゅく・じゅん・ろう・わ

対義語

□ 17 末節―根□

□ 18 冒頭―□尾

□ 19 攻撃―□御

□ 20 強固―柔□

類義語

□ 21 席次―□列

□ 22 肝心―重□

□ 23 策謀―計□

□ 24 賢明―□口

かん・じゃく・じょ・ぼう・まつ・よう・り・りゃく

対義語

□ 25 正統―□端

□ 26 貯蓄―散□

□ 27 早婚―□婚

□ 28 動揺―□定

類義語

□ 29 肝要―大□

□ 30 清掃―掃□

□ 31 辛酸―困□

□ 32 使命―責□

あん・い・く・ざい・じ・せつ・ばん・む

標準解答

1 新《しん》鋭《えい》
2 固《こ》辞《じ》
3 収《しゅう》縮《しゅく》
4 平《へい》野《や》
5 奮《ふん》戦《せん》
6 勘《かん》定《じょう》
7 助《じょ》力《りょく》
8 歴《れき》然《ぜん》

---

9 不《ふ》和《わ》
10 従《じゅう》順《じゅん》
11 原《げん》告《こく》
12 老《ろう》成《せい》
13 下《げ》品《ひん》
14 野《や》菜《さい》
15 熟《じゅく》練《れん》
16 品《ひん》格《かく》

---

17 根《こん》幹《かん》
18 末《まつ》尾《び》
19 防《ぼう》御《ぎょ》
20 柔《にゅう》弱《じゃく》
21 序《じょ》列《れつ》
22 重《じゅう》要《よう》
23 計《けい》略《りゃく》
24 利《り》口《こう》

---

25 異《い》端《たん》
26 散《さん》財《ざい》
27 晩《ばん》婚《こん》
28 安《あん》定《てい》
29 大《たい》切《せつ》
30 掃《そう》除《じ》
31 困《こん》苦《く》
32 責《せき》務《む》

点線で折り、解答を隠しても使えます!

対義語・類義語③

目標時間
5分

あなたの学習の優先度は？
□A □B □C
使い方は20ページ

●次の□の中の語を一度だけ使って漢字に直し、対義語・類義語を記せ。

対義語

□ 1 故意―□失
□ 2 美点―□点
□ 3 優雅―粗□
□ 4 悪口―賞□

類義語

□ 5 解雇―免□
□ 6 倹約―節□
□ 7 賢明―□発
□ 8 怠慢―□着

おう・か・げん・さん・しょく・なん・や・り

対義語

□ 9 未満―超□
□ 10 遠隔―近□
□ 11 冷水―熱□
□ 12 精密―粗□

類義語

□ 13 手柄―功□
□ 14 出生―□生
□ 15 廉価―□値
□ 16 嘱望―期□

か・ざつ・せき・せつ・たい・たん・とう・やす

対義語

□ 17 興奮―鎮□

□ 18 絶対―□対

□ 19 悲哀―歓□

□ 20 潤沢―□乏

類義語

□ 21 排斥―□放

□ 22 遭遇―□面

□ 23 概略―大□

□ 24 陰謀―策□

き・けつ・せい・そう・ちょく・つい・よう・りゃく

対義語

□ 25 冷遇―□遇

□ 26 称賛―非□

□ 27 地獄―□楽

□ 28 私用―公□

類義語

□ 29 基盤―□底

□ 30 敢行―□行

□ 31 突如―□意

□ 32 失望―□胆

ごく・こん・だん・なん・ふ・む・ゆう・らく

標準解答

1 過失《かしつ》　2 難点《なんてん》　3 粗野《そや》　4 賞賛《しょうさん》
5 免職《めんしょく》　6 節減《せつげん》　7 利発《りはつ》　8 横着《おうちゃく》

9 超過《ちょうか》　10 近接《きんせつ》　11 熱湯《ねっとう》　12 粗雑《そざつ》
13 功績《こうせき》　14 誕生《たんじょう》　15 安値《やすね》　16 期待《きたい》

17 鎮静《ちんせい》　18 相対《そうたい》　19 歓喜《かんき》　20 欠乏《けつぼう》
21 追放《ついほう》　22 直面《ちょくめん》　23 大要《たいよう》　24 策略《さくりゃく》

25 優遇《ゆうぐう》　26 非難《ひなん》　27 極楽《ごくらく》　28 公務《こうむ》
29 根底《こんてい》　30 断行《だんこう》　31 不意《ふい》　32 落胆《らくたん》

点線で折り、解答を隠しても使えます!

3時間目

難易度Ⅲ

送りがな

あなたの学習の優先度は？
□A □B □C
使い方は20ページ

●次の――線のカタカナを漢字一字と送りがな（ひらがな）で記せ。

□ 1 昔から教師をココロザシていた。

□ 2 信頼していた相棒をウシナウ。

□ 3 あまりの光景に目をソムケル。

□ 4 師に進むべき道をミチビカれる。

□ 5 機械を使って金属板をソラス。

□ 6 自己中心的な行いをアラタメる。

□ 7 同級生と成績でキソイ合う。

□ 8 おでこを隠すように前髪をタラス。

□ 9 いつまでも自分をセメルな。

□ 10 セール品に人々がムラガッている。

□ 11 間違ったら素直にアヤマルべきだ。

□ 12 庭の土をタイラにならす。

□ 13 幼児が辺りカマワず大声を出す。

□ 14 腐葉土をすき込み、土をコヤス。

□ 15 敵陣からの脱出をココロミル。

□ 16 消防隊員がロープをユワエタ。

□ 17 女手一つで家族四人をヤシナウ。

□ 18 冷蔵庫に食材をタヤスことがない。

19 意気サカンナ若者がそろった。

20 他人の意見を強引にシリゾケル。

21 うわさの真相をタシカメル。

22 データにモトヅイて仮説を立てる。

23 ワザワイが身に降り掛かる。

24 イサマシイ声で騎馬戦が始まる。

25 海にノゾム宿で休暇を過ごす。

26 子供のスコヤカな成長を願う。

27 チームをヒキイて試合会場に向かう。

28 丹念にタガヤシタ田に愛着がある。

29 白飯をムラシてから食べる。

30 信頼している部下にマカセル。

31 メールにタダチニ返信をした。

32 足りない部分をお互いにオギナウ。

標準解答

1 志し
2 失う
3 背ける
4 導か
5 反らす
6 改め
7 競い
8 垂らす
9 責める
10 群がっ
11 謝る
12 平ら
13 構わ
14 肥やす
15 試みる
16 結わえた
17 養う
18 絶やす
19 盛んな
20 退ける
21 確かめる
22 基づい
23 災い
24 勇ましい
25 臨む
26 健やか
27 率い
28 耕した
29 蒸らし
30 任せる
31 直ちに
32 補う

点線で折り、解答を隠しても使えます!

3時間目

難易度Ⅲ

誤字訂正

目標時間 4分

あなたの学習の優先度は?
□A □B □C
使い方は20ページ

●次の文中に間違って使われている同じ音訓の漢字が一字ある。その誤字と正しい漢字を記せ。

□ 1 学生は大企業と同時に、孤性的な中小の優良企業の仕事に着目すべきだ。［　→　］

□ 2 文化遺産を活用した観光振興計画を立て、地域の活勢化を図っている。［　→　］

□ 3 研究に必要な史料を、大学の図書館で著作権法の認める範囲で復写した。［　→　］

□ 4 自動車の追突被害は、不即かつ突発的な事態として保険の対象となる。［　→　］

□ 5 要人携護に従事する課員は、格闘術や射撃に優れた者の中から選ばれる。［　→　］

□ 6 転勤を命じられ、引き継ぎ業務や残務所理で休む暇もないほど忙しい。［　→　］

□ 7 実現不可能と言われた作品が、最先端の映像技術を駆仕して映画化された。［　→　］

□ 8 党首退任の意向を受け、党内では代表選を巡る動きが加息している。［　→　］

□ **9** 記者の間では、次の総選挙で与野党の逆転が起こるとの考えが司配的だ。
［　↓　］

□ **10** 最新技術を動入したことで対応可能な機種が限定されてしまい、大失敗した。
［　↓　］

□ **11** 今年は空梅雨のうえ台風の発生数が少なく、辛刻な水不足が懸念されている。
［　↓　］

□ **12** 熱射病の予防には、水分を定期的に補吸して内臓温度を下げるとよい。
［　↓　］

□ **13** 鉄骨で柱などの骨組みを構築し、周囲に鉄均を配してセメントを打つ。
［　↓　］

□ **14** 相手チームの猛抗議で録画映像を確認したが結局、範定は変わらなかった。
［　↓　］

標準解答

1 孤↓個
2 勢↓性
3 復↓複
4 即↓測
5 携↓警
6 所↓処
7 仕↓使
8 息↓速
9 司↓支
10 動↓導
11 辛↓深
12 吸↓給
13 均↓筋
14 範↓判

3 **複写**《ふくしゃ》↓あるものを別の紙に写し取ること。
4 **不測**《ふそく》↓予測できず、思いがけないこと。
5 **警護**《けいご》↓警戒して人や物などを守ること。
7 **駆使**《くし》↓自由に使いこなすこと。

点線で折り、解答を隠しても使えます！

3時間目

難易度Ⅲ

書き取り①

目標時間
5分

●次の――線のカタカナを漢字に直せ。

□ 1 機械を導入してコウリツを高める。

□ 2 ハイクには季語が必要だ。

□ 3 学会でソンゲン死について討論する。

□ 4 ザッカ類は一つの箱にまとめる。

□ 5 志ナカばで命を落とした。

□ 6 商談のため取引先をホウモンした。

□ 7 事件のヨウインを探る。

□ 8 故障の原因は電気ケイトウにある。

□ 9 前後のミサカイなしに突き進む。

□ 10 中身よりサイフのほうが高価だ。

□ 11 山のイタダキに小屋を建てる。

□ 12 彼は雄弁さでは兄にマサる。

□ 13 牧場で十頭の乳牛をカっている。

□ 14 努力を続ける姿にケイフクする。

□ 15 企業の破たんでコンランを招く。

□ 16 彼はイナオった態度で反論した。

□ 17 悪のカタボウをかつがされる。

□ 18 休憩時間に仲間とダンショウする。

□ 19 両家の結婚はマコトにおめでたい。

□ 20 寒暖差が激しくて体調をクズす。

あなたの学習の優先度は?
□A □B □C
使い方は20ページ

□ 21 カタヤブりな画風が評価された。［　　］

□ 22 これホド友情を感じたことはない。［　　］

□ 23 アンイに折れると必ず後悔する。［　　］

□ 24 カレーに入れる具材をキザむ。［　　］

□ 25 競争相手との戦いに気力をフルう。［　　］

□ 26 苦情に誠実にタイショする。［　　］

□ 27 父のイサンには膨大な書物がある。［　　］

□ 28 ヒンプの格差がはなはだしい。［　　］

□ 29 アマった予算を来年に繰り越す。［　　］

□ 30 三代続くしにせのソめ物屋だ。［　　］

□ 31 停電しテサグりで階段を下りた。［　　］

□ 32 父の代から青果業をアキナう。［　　］

□ 33 タビジで偶然同級生に会った。［　　］

□ 34 私鉄エンセンに飲食店を出店する。［　　］

□ 35 ゲンセンされた素材を用いる。［　　］

□ 36 新商品のセンデンに力を入れる。［　　］

標準解答

1 効率
2 俳句
3 尊厳
4 雑貨
5 半
6 訪問
7 要因
8 系統
9 見境
10 財布
11 頂
12 勝
13 飼
14 敬服
15 混乱
16 居直
17 片棒
18 談笑
19 誠
20 崩
21 型破
22 程
23 安易
24 刻
25 奮
26 対処
27 遺産
28 貧富
29 余
30 染
31 手探
32 商
33 旅路
34 沿線
35 厳選
36 宣伝

点線で折り、解答を隠しても使えます！

3時間目

難易度Ⅲ

書き取り②

目標時間
5分

あなたの学習の優先度は?
□A □B □C
使い方は20ページ

●次の――線のカタカナを漢字に直せ。

□1 ツウセツな訴えに心を動かされる。
□2 今日のユウヤけは実に美しい。
□3 えさ箱の周りに牛がムラがる。
□4 売上がテイメイし倒産した。
□5 水不足で沼がヒアがる。
□6 試合は来週にジュンエンされた。
□7 親としてのメンボクを保つ。
□8 未開地でエイセイ状態がよくない。
□9 トリイの先には社務所がある。
□10 事件のウラヅけ調査を行う。
□11 市役所にテンキョ届を提出した。
□12 合図でイキオいよく飛び出す。
□13 若かりし日の失敗をクやんだ。
□14 行楽にふさわしいヒヨリになった。
□15 オウフクの切符を手配した。
□16 大掛かりな舞台ソウチを作る。
□17 時代のスイイと共に人も変わる。
□18 カンショウに浸る暇がない。
□19 今がシオドキと引退を決意した。
□20 ガイトウで政治家が演説を始める。

□ 21 体をコキザみに震わせて泣く。　［　　］

□ 22 手紙の内容はヒンカクが問われる。　［　　］

□ 23 短気な性格でケイエンされる。　［　　］

□ 24 勝利にコウフンが冷めやらない。　［　　］

□ 25 健康のために飲酒をヒカえる。　［　　］

□ 26 安易な道を選んでもエる物はない。　［　　］

□ 27 隣町とのサカイに川が流れる。　［　　］

□ 28 成功するのはシナンの業だ。　［　　］

□ 29 ヨットのホが強い風を受ける。　［　　］

□ 30 インソツの教師が手を焼く生徒だ。　［　　］

□ 31 国家の再建と発展にホネオる。　［　　］

□ 32 キントウになるように分配する。　［　　］

□ 33 ヒハンされても腐らずに精進する。　［　　］

□ 34 不始末に対しゼンショを求めた。　［　　］

□ 35 ヤサしい笑顔に周囲が和んだ。　［　　］

□ 36 二つの事象のインガ関係を調べる。　［　　］

標準解答

1 痛切
2 夕焼
3 群
4 低迷
5 干上
6 順延
7 面目
8 衛生
9 鳥居
10 裏付
11 転居
12 勢
13 悔
14 日和
15 往復
16 装置
17 推移
18 感傷
19 潮時
20 街頭
21 小刻
22 品格
23 敬遠
24 興奮
25 控
26 得
27 境
28 至難
29 帆
30 引率
31 骨折
32 均等
33 批判
34 善処
35 優
36 因果

点線で折り、解答を隠しても使えます!

3時間目

難易度Ⅲ

書き取り③

目標時間 5分

あなたの学習の優先度は?

□A □B □C

使い方は20ページ

●次の——線のカタカナを漢字に直せ。

□ 1 芸能人の熱愛がハッカクした。〔　　〕

□ 2 シンゼン試合とはいえ本気で戦う。〔　　〕

□ 3 ハオリとはかまをつけて式に出る。〔　　〕

□ 4 カタコトの英語で会話する。〔　　〕

□ 5 素早いショチで、事なきを得た。〔　　〕

□ 6 子供を託児所にアズける。〔　　〕

□ 7 商品を店にキョウキュウできない。〔　　〕

□ 8 法改正の必要性をトいて回る。〔　　〕

□ 9 寒さで池の水がコオっている。〔　　〕

□ 10 汚れた作業着をマルアラいする。〔　　〕

□ 11 演奏は聴衆のゼッサンを浴びた。〔　　〕

□ 12 年末年始はキセイ客で大混雑する。〔　　〕

□ 13 創立百周年記念にショクジュをした。〔　　〕

□ 14 彼のヒョウバンは社内で一番よい。〔　　〕

□ 15 カンシュウの応援に力をもらう。〔　　〕

□ 16 人にほめられテれた表情をする。〔　　〕

□ 17 故人の墓に生前の好物をソナえた。〔　　〕

□ 18 皆がツドう同期会が待ち遠しい。〔　　〕

□ 19 シタウちしつつも、指示に従った。〔　　〕

□ 20 競技会に賞品をテイキョウする。〔　　〕

□ 21 文章のテイサイを整える。

□ 22 オゴソかに法事が行われる。

□ 23 政府の補助金で赤字をウめる。

□ 24 孫の写真をカタトキも離さない。

□ 25 紛争が起きて他国にボウメイする。

□ 26 初孫のタンジョウを心待ちにする。

□ 27 共に時を過ごし、恋心がメバえる。

□ 28 道路が雨でシメっている。

□ 29 知恵をハイシャクして完成させた。

□ 30 ユエあって、工事が中止となった。

□ 31 ギャッキョウをはねのける。

□ 32 マキバで羊が草を食べている。

□ 33 東の空がシダイに明るくなる。

□ 34 危険を察知しケイテキを鳴らす。

□ 35 ナマけ心に打ち勝って仕事に励む。

□ 36 春は生徒が学校からスダつ季節だ。

標準解答

1 発覚
2 親善
3 羽織
4 片言
5 処置
6 預
7 供給
8 説
9 凍
10 丸洗
11 絶賛
12 帰省
13 植樹
14 評判
15 観衆
16 照
17 供
18 集
19 舌打
20 提供
21 体裁
22 厳
23 埋
24 片時
25 亡命
26 誕生
27 芽生
28 湿
29 拝借
30 故
31 逆境
32 牧場
33 次第
34 警笛
35 怠
36 巣立

点線で折り、解答を隠しても使えます!

熟語パズル

問題

空欄に漢字一字を入れて、四字熟語を完成させましょう。ブロックが４つ連なっている部分は、漢字を入れると四字熟語になります。全部解けますか？

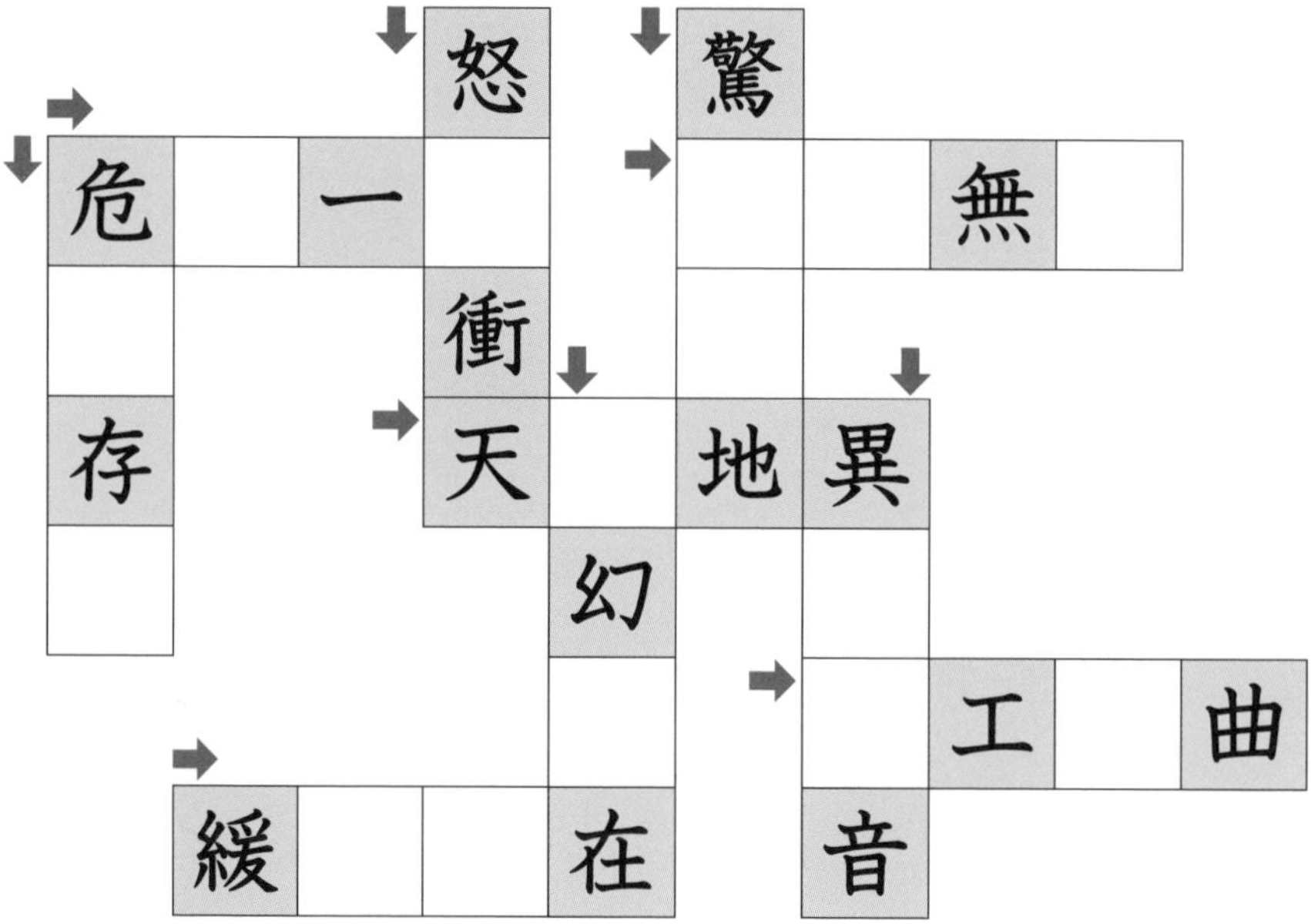

答え

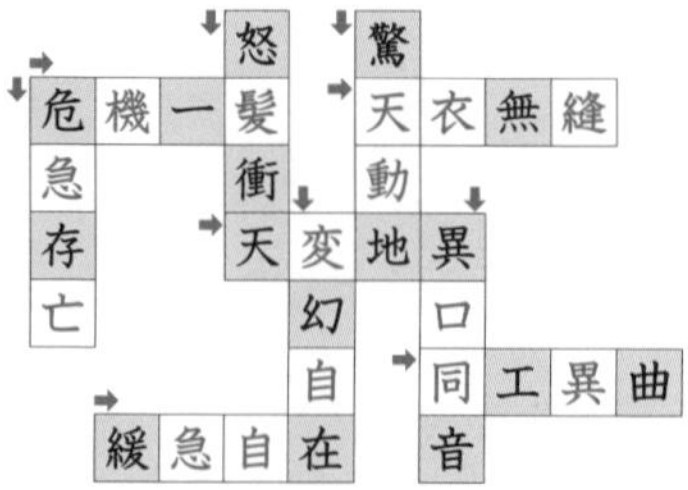

4時間目

難易度Ⅳ

いよいよ合格圏内の155点を目指すレベルです。
ここで正答率が高ければ、かなり合格に
近づいたと言えます。

4時間目

難易度Ⅳ

読み①

目標時間 3分

あなたの学習の優先度は?

□A □B □C

使い方は20ページ

●次の――線の漢字の読みをひらがなで記せ。

□ 1 親しくしている議員に陳情する。［　　］

□ 2 学校の昇降口にかさを忘れた。［　　］

□ 3 洋服の販売を店に委託する。［　　］

□ 4 容疑者を隠匿するのも罪だ。［　　］

□ 5 二人の仲を邪推してうわさする。［　　］

□ 6 雪で凍えた体を暖炉であたためた。［　　］

□ 7 親友の転校に際し惜別の情を表す。［　　］

□ 8 私の前で虚勢を張る必要はない。［　　］

□ 9 一人暮らしの娘の健康を憂慮する。［　　］

□ 10 これまでの人生を顧みる。［　　］

□ 11 同じ姿勢を続けると肩が凝る。［　　］

□ 12 健康のために摂生を心がける。［　　］

□ 13 同士との連携を保つ努力をする。［　　］

□ 14 経営権を息子に譲って隠居した。［　　］

□ 15 魅力あふれる企画を構想する。［　　］

□ 16 親鳥を慕うひなの声が騒々しい。［　　］

□ 17 弱小チームが上位に浮揚してきた。［　　］

□ 18 許諾を求めて何度も訪問する。［　　］

□ 19 又聞きの話を実体験のように話す。［　　］

□ 20 随所に工夫がちりばめられている。［　　］

□ 21 在校生代表として登壇した。［　　］

□ 22 養蚕のための桑を育てる。［　　］

□ 23 抑揚をつけて物語を朗読する。［　　］

□ 24 生硬な文章でじつに読みにくい。［　　］

□ 25 女優が魅惑的な表情を浮かべる。［　　］

□ 26 粘着テープでポスターを壁にはる。［　　］

□ 27 チーズやビールは酵母で造る。［　　］

□ 28 店員に難癖をつけて怒鳴っている。［　　］

□ 29 雪山で援助を要請する。［　　］

□ 30 地中に高圧電線を埋設する。［　　］

□ 31 ひどく怒られ殊勝な態度を取る。［　　］

□ 32 好みの服を廉価で手に入れた。［　　］

標準解答

1 ちんじょう
2 しょうこう
3 いたく
4 いんとく
5 じゃすい
6 ここ
7 せきべつ
8 きょせい
9 ゆうりょ
10 かえり
11 こ
12 せっせい
13 れんけい
14 ゆず
15 きかく
16 した
17 ふよう
18 きょだく
19 またぎ
20 ずいしょ
21 とうだん
22 くわ
23 よくよう
24 せいこう
25 みわく
26 ねんちゃく
27 こうぼ
28 なんくせ
29 ようせい
30 まいせつ
31 しゅしょう
32 れんか

8 **虚勢**《きょせい》→うわべだけの威勢。

23 **抑揚**《よくよう》→話などをするときに、調子を上げたり下げたりすること。

24 **生硬**《せいこう》→態度や文章などが未熟でぎこちなく、こなれていないこと。

31 **殊勝**《しゅしょう》→もっともらしく神妙にしていること。けなげな様子。

32 **廉価**《れんか》→値段が安いこと。安価。

点線で折り、解答を隠しても使えます!

4時間目

難易度Ⅳ

読み②

あなたの学習の優先度は?
□A □B □C
使い方は20ページ

●次の――線の漢字の読みをひらがなで記せ。

□ 1 手紙が検閲される時代もあった。
□ 2 人生の哀歓を日記につづる。
□ 3 社の実権は私が掌握している。
□ 4 会の円滑な運営を目指す。
□ 5 選りすぐりの職人が技能を競う。
□ 6 相手の要求を二つ返事で快諾した。
□ 7 特売品として卸値で販売した。
□ 8 内容が古くなった本を改訂する。
□ 9 沖で漁船が漂泊している。
□ 10 親友の横恋慕に激怒した。
□ 11 潔癖な性格を思わせる髪形だ。
□ 12 飾り切りの技を究めた料理人だ。
□ 13 名曲に聴き入り悦に入る。
□ 14 上着のすそのほころびを繕った。
□ 15 地域の行事で煮炊きを担当した。
□ 16 疑いが晴れ無罪放免となった。
□ 17 プロ棋士を目指し勉強する。
□ 18 膨れ上がった経費の削減を図る。

□ 19 陳腐なアイデアしか浮かばない。［　　］

□ 20 幼い王子を国王に擁立した。［　　］

□ 21 日々の鍛錬こそが好結果を生む。［　　］

□ 22 不運を恨んでも仕方がない。［　　］

□ 23 無料で治療を施す医師だ。［　　］

□ 24 思いもよらぬ吉報が舞い込んだ。［　　］

□ 25 映画界の巨匠として活躍する。［　　］

□ 26 遠くに船の帆柱が見える。［　　］

□ 27 敢然と会社を辞め起業した。［　　］

□ 28 学校で肝試し大会がある。［　　］

□ 29 この恥辱に耐えなければならない。［　　］

□ 30 凍えた手を暖炉にかざす。［　　］

□ 31 先祖の墳墓に花と水をささげる。［　　］

□ 32 地元の神社に収穫物を奉納する。［　　］

標準解答

1 けんえつ
2 あいかん
3 しょうあく
4 えんかつ
5 きそ
6 かいだく
7 おろしね
8 かいてい
9 ひょうはく
10 れんぼ
11 けっぺき
12 きわ
13 えつ
14 つくろ
15 にた
16 ほうめん
17 きし
18 ふく
19 ちんぷ
20 ようりつ
21 たんれん
22 うら
23 ほどこ
24 きっぽう
25 きょしょう
26 ほばしら
27 かんぜん
28 きもだめ
29 ちじょく
30 だんろ
31 ふんぼ
32 ほうのう

1 **検閲**《けんえつ》→内容を調べること。
2 **哀歓**《あいかん》→悲しみと喜び。
3 **掌握**《しょうあく》→物事を自分の意のままに動かせるようにすること。
16 **放免**《ほうめん》→拘束を解き自由にすること。
27 **敢然**《かんぜん》→危険を覚悟で、思い切って行うさま。
29 **恥辱**《ちじょく》→名誉や体面を傷付けられること。

点線で折り、解答を隠しても使えます!

読み③

●次の――線の漢字の読みをひらがなで記せ。

□ 1 裁判所の和解勧告を受諾した。
□ 2 遠征する選手たちを激励した。
□ 3 大海原を鯨の群れが移動する。
□ 4 ケガのため店を暫時休業する。
□ 5 愛憎からみ合うメロドラマを見た。
□ 6 本邦初公開の映画を鑑賞する。
□ 7 一連の不正は痛恨の極みだ。
□ 8 まだ粗削りだが将来有望だ。
□ 9 隔年で機械の点検が求められる。
□ 10 映画のクライマックスに詠嘆した。
□ 11 逃亡を企てた犯人が捕まった。
□ 12 水蒸気が冷えて凝結したのが水だ。
□ 13 遠足に向けて準備万端だ。
□ 14 のりを塗布して障子をはる。
□ 15 夜通し疾駆してなんとか到着した。
□ 16 期待と不安とが交錯している。
□ 17 香炉から立ち昇る煙をじっと見る。
□ 18 人の事情を顧慮するゆとりがない。

□ 19 新天地に**赴**き気分を一新する。［　　］

□ 20 家庭科の授業用に**裁縫**道具を買う。［　　］

□ 21 **促**されて一歩前に出た。［　　］

□ 22 対象者を無作為に**抽出**する。［　　］

□ 23 この職人の**彫金**の腕前は確かだ。［　　］

□ 24 宴席で専務のお**相伴**にあずかる。［　　］

□ 25 物事の**吉凶**を占ってもらう。［　　］

□ 26 社会から**隔絶**された孤島だ。［　　］

□ 27 ネクタイを**緩**めて一息ついた。［　　］

□ 28 父は日本**画壇**の巨匠だ。［　　］

□ 29 遠海で**捕鯨**をする。［　　］

□ 30 **街道**沿いに進むと郵便局がある。［　　］

□ 31 **朱塗**りの鳥居が海上にたっている。［　　］

□ 32 手を入れて**随分**と改善された。［　　］

標準解答

1 じゅだく
2 げきれい
3 くじら
4 ざんじ
5 あいぞう
6 ほんぽう
7 つうこん
8 あらけずり
9 かくねん
10 えいたん
11 くわだ
12 ぎょうけつ
13 ばんたん
14 とふ
15 しっく
16 こうさく
17 こうろ
18 こりょ
19 おもむ
20 さいほう
21 うなが
22 ちゅうしゅつ
23 ちょうきん
24 しょうばん
25 きっきょう
26 かくぜつ
27 ゆる
28 がだん
29 ほげい
30 かいどう
31 しゅぬ
32 ずいぶん

4 暫時《ざんじ》→少しの間。
7 痛恨《つうこん》→非常に悔しく思うこと。
10 詠嘆《えいたん》→深く感動すること。
15 疾駆《しっく》→車や馬が速く走ること。
18 顧慮《こりょ》→気にかけ心配すること。
24 相伴《しょうばん》→客の相手となっていっしょにもてなしを受けること。

点線で折り、解答を隠しても使えます！

4時間目

難易度Ⅳ

同音・同訓異字

目標時間 3分

あなたの学習の優先度は?
□A □B □C
使い方は20ページ

●次の——線のカタカナに当てはまる漢字をそれぞれのア～オから一つ選び、記号を記せ。

□ 1 洋楽よりもホウ楽を好んで聴く。〔　〕
□ 2 社会ホウ仕でバザーに出品をする。〔　〕
□ 3 シダやコケはホウ子で繁殖する。〔　〕

（ア邦　イ飽　ウ胞　エ奉　オ倣）

□ 4 皆キ日食は神秘的な天体ショーだ。〔　〕
□ 5 七回キの法事は平服で出席した。〔　〕
□ 6 イベントのキ画会議に出席する。〔　〕

（ア企　イ忌　ウ既　エ効　オ聴）

□ 7 首尾よくリョウ解を取りつけた。〔　〕
□ 8 休日に丘リョウ公園で散歩する。〔　〕
□ 9 リョウ犬と共に狩りに出かける。〔　〕

（ア糧　イ了　ウ陵　エ猟　オ療）

□ 10 新興産業が急速にシン張する。〔　〕
□ 11 事故の説明に不シンな点が多い。〔　〕
□ 12 死闘を繰り広げてシン勝した。〔　〕

（ア侵　イ薪　ウ伸　エ審　オ辛）

13 名の知れたチョウ一流の料理人だ。

14 彼はチョウ衆の心に熱く訴えた。

15 門に石のチョウ刻が飾られている。

（ア彫　イ超　ウ徴　エ跳　オ聴）

16 今回だけはカン弁してほしい。

17 自転車で大陸横断をカン行した。

18 裁判の証人カン問に呼び出された。

（ア喚　イ貫　ウ敢　エ肝　オ勘）

19 セキ別の情を込めて詩を詠む。

20 反対勢力から排セキされる。

21 大量の書セキを整理する。

（ア惜　イ隻　ウ籍　エ斥　オ席）

22 上司の助言で不安が一ソウされた。

23 山でソウ難して助けを待った。

24 一卵性ソウ生児は見分けにくい。

（ア燥　イ掃　ウ遭　エ葬　オ双）

標準解答

1 ア（邦）　2 エ（奉）　3 ウ（胞）　4 ウ（既）　5 イ（忌）　6 ア（企）

7 イ（了）　8 ウ（陵）　9 エ（猟）　10 ウ（伸）　11 エ（審）　12 オ（辛）

13 イ（超）　14 オ（聴）　15 ア（彫）　16 オ（勘）　17 ウ（敢）　18 ア（喚）

19 ア（惜）　20 エ（斥）　21 ウ（籍）　22 イ（掃）　23 ウ（遭）　24 オ（双）

2 **奉仕**《ほうし》→社会のために尽くすこと。

12 **辛勝**《しんしょう》→試合などでかろうじて勝つこと。

17 **敢行**《かんこう》→無理を承知で行うこと。

18 **喚問**《かんもん》→公の場に人を呼び出して問いただすこと。

19 **惜別**《せきべつ》→別れ難く、つらく思うこと。

20 **排斥**《はいせき》→その地位などから追いはらうこと。きらって退けること。

4時間目

難易度Ⅳ

漢字識別

●三つの□に共通する漢字を□の中から選んで熟語を作り、記号で記せ。

目標時間 3分

□ 1 □上・鼻□・□暑 〔　〕

□ 2 悲□・□歓・□願 〔　〕

□ 3 □問・□劣・暗□ 〔　〕

□ 4 □起・□声・召□ 〔　〕

□ 5 □労・□霊・□謝料 〔　〕

ア 契　イ 軌　ウ 哀　エ 愚　オ 喚
カ 岳　キ 孤　ク 峡　ケ 炎　コ 慰

□ 6 出□・□影・□走 〔　〕

□ 7 容□・□免・恩□ 〔　〕

□ 8 激□・□行・奮□ 〔　〕

□ 9 □護・□立・抱□ 〔　〕

□ 10 敬□・□思・□情 〔　〕

ア 帆　イ 赦　ウ 胆　エ 既　オ 励
カ 潜　キ 泌　ク 棄　ケ 擁　コ 慕

あなたの学習の優先度は？
□A □B □C
使い方は20ページ

11 家□・□産・牧□　〔　　〕

12 □惑・□了・□力　〔　　〕

13 □境・□作・絶□　〔　　〕

14 □採・討□・間□　〔　　〕

ア 畜　イ 欧　ウ 漏　エ 塗　オ 礎
カ 佳　キ 伐　ク 魅

---

15 □弱・盛□・□微　〔　　〕

16 □待・残□・自□　〔　　〕

17 嘱□・屈□・委□　〔　　〕

18 難□・潔□・放浪□　〔　　〕

ア 冗　イ 賊　ウ 虐　エ 衰　オ 託
カ 癖　キ 郊　ク 酔

標準解答

1 ケ（炎上《えんじょう》・鼻炎《びえん》・炎暑《えんしょ》）
2 ウ（悲哀《ひあい》・哀歓《あいかん》・哀願《あいがん》）
3 エ（愚問《ぐもん》・愚劣《ぐれつ》・暗愚《あんぐ》）
4 オ（喚起《かんき》・喚声《かんせい》・召喚《しょうかん》）
5 コ（慰労《いろう》・慰霊《いれい》・慰謝料《いしゃりょう》）
6 ア（出帆《しゅっぱん》・帆影《ほかげ》・帆走《はんそう》）
7 イ（容赦《ようしゃ》・赦免《しゃめん》・恩赦《おんしゃ》）
8 オ（激励《げきれい》・励行《れいこう》・奮励《ふんれい》）
9 ケ（擁護《ようご》・擁立《ようりつ》・抱擁《ほうよう》）
10 コ（敬慕《けいぼ》・思慕《しぼ》・慕情《ぼじょう》）
11 ア（家畜《かちく》・畜産《ちくさん》・牧畜《ぼくちく》）
12 ク（魅惑《みわく》・魅了《みりょう》・魅力《みりょく》）
13 カ（佳境《かきょう》・佳作《かさく》・絶佳《ぜっか》）
14 キ（伐採《ばっさい》・討伐《とうばつ》・間伐《かんばつ》）
15 エ（衰弱《すいじゃく》・盛衰《せいすい》・衰微《すいび》）
16 ウ（虐待《ぎゃくたい》・残虐《ざんぎゃく》・自虐《じぎゃく》）
17 オ（嘱託《しょくたく》・屈託《くったく》・委託《いたく》）
18 カ（難癖《なんくせ》・潔癖《けっぺき》・放浪癖《ほうろうへき》）

点線で折り、解答を隠しても使えます！

4時間目

難易度Ⅳ

熟語の構成①

目標時間 3分

あなたの学習の優先度は?
□A □B □C
使い方は20ページ

●熟語の構成には、次のようなものがある。

ア 同じような意味の字を重ねたもの（例 岩石）
イ 反対または対応の意味を表す字を重ねたもの（例 高低）
ウ 上の字が下の字を修飾しているもの（例 洋画）
エ 下の字が上の字の目的語・補語になっているもの（例 着席）
オ 上の字が下の字の意味を打ち消しているもの（例 非常）

●次の熟語は右のア～オのどれに当たるか、一つ選んで記号を記せ。

□ 1 譲位［　　］
□ 2 去就［　　］
□ 3 排他［　　］
□ 4 波浪［　　］
□ 5 惜春［　　］
□ 6 敢行［　　］
□ 7 霊魂［　　］
□ 8 栄辱［　　］
□ 9 免責［　　］
□ 10 濫発［　　］
□ 11 添削［　　］
□ 12 敢闘［　　］

□ 13 免税［　　］

□ 14 邦楽［　　］

□ 15 遭難［　　］

□ 16 排斥［　　］

□ 17 隠匿［　　］

□ 18 錯誤［　　］

□ 19 粗食［　　］

□ 20 換言［　　］

□ 21 起伏［　　］

□ 22 選択［　　］

□ 23 愚問［　　］

□ 24 濃紺［　　］

□ 25 不吉［　　］

□ 26 娯楽［　　］

□ 27 既成［　　］

□ 28 芳香［　　］

標準解答

1 エ「譲る↑位を」の意
2 イ「地位を去る」↕「地位に就く」
3 エ「排斥する↑他人を」の意
4 ア 波も浪も「波」の意
5 エ「惜しむ↑春を」の意
6 ウ「敢えて↓行う」の意
7 ア 霊も魂も「たましい」の意
8 イ「栄誉」↕「侮辱」
9 エ「免ずる↑責任を」の意
10 ウ「みだりに（濫）↓発行する」の意

11 イ「書き加える（添）」↕「削る」
12 ウ「勇敢に↓闘う」の意
13 エ「免じる↑税金を」の意
14 ウ「日本の（邦）↓音楽」の意
15 エ「遭う↑危険・困難に」の意
16 ア 排も斥も「しりぞける」の意
17 ア 隠も匿も「かくす」の意
18 ア 錯も誤も「あやまり」の意
19 ウ「粗末な↓食事」の意
20 エ「換える↑発言を」の意

21 イ「高い（起）」↕「低い（伏）」
22 ア 選も択も「えらぶ」の意
23 ウ「愚かな↓質問」の意
24 ウ「濃い↓紺色」の意
25 オ 縁起（吉）がよくないこと
26 ア 娯も楽も「楽しむ」の意
27 ウ「既に↓できている（成）」の意
28 ウ「芳しい↓香り」の意

点線で折り、解答を隠しても使えます!

4時間目

難易度Ⅳ

熟語の構成②

目標時間 3分

あなたの学習の優先度は?
□A □B □C
使い方は20ページ

●熟語の構成には、次のようなものがある。

ア 同じような意味の字を重ねたもの（例 岩石）
イ 反対または対応の意味を表す字を重ねたもの（例 高低）
ウ 上の字が下の字を修飾しているもの（例 洋画）
エ 下の字が上の字の目的語・補語になっているもの（例 着席）
オ 上の字が下の字の意味を打ち消しているもの（例 非常）

●次の熟語は右のア～オのどれに当たるか、一つ選んで記号を記せ。

□ 1 惜別［　］
□ 2 衝突［　］
□ 3 登壇［　］
□ 4 鎮痛［　］
□ 5 譲歩［　］
□ 6 需給［　］
□ 7 疾走［　］
□ 8 養豚［　］
□ 9 犠牲［　］
□ 10 因果［　］
□ 11 倹約［　］
□ 12 抑圧［　］

□ 13 陰謀［　　］

□ 14 隔離［　　］

□ 15 虚実［　　］

□ 16 蛮行［　　］

□ 17 脅威［　　］

□ 18 赴任［　　］

□ 19 悦楽［　　］

□ 20 雅俗［　　］

□ 21 不滅［　　］

□ 22 遵法［　　］

□ 23 遭遇［　　］

□ 24 除湿［　　］

□ 25 隔世［　　］

□ 26 気孔［　　］

□ 27 粘膜［　　］

□ 28 膨張［　　］

標準解答

1 エ「惜しむ↑別れを」の意
2 ア 衝も突も「ぶつかる」の意
3 エ「登る↑演壇に」の意
4 エ「鎮める↑痛みを」の意
5 エ「譲る↑道を(歩み)」の意
6 イ「需要」↕「供給」
7 ウ「速く(疾)↓走る」の意
8 エ「養う↑豚を」の意
9 ア 犠も牲も「いけにえ」の意
10 イ「原因」↕「結果」

11 ア 倹も約も「つましい」の意
12 ア 抑も圧も「おさえる」の意
13 ウ「隠れた(陰)↓計画(謀)」の意
14 ア 隔も離も「遠ざける」の意
15 イ「うそ(虚)」↕「まこと(実)」
16 ウ「野蛮な↓行為」の意
17 ア 脅も威も「おびやかす」の意
18 エ「赴く↑任地に」の意
19 ア 悦も楽も「喜び、たのしむ」の意
20 イ「風雅」↕「卑俗」

21 オ 滅びないこと
22 エ「遵守する↑法を」の意
23 ア 遭も遇も「偶然であう」の意
24 エ「除く↑湿気を」の意
25 エ「隔てる↑時代を(世)」の意
26 ウ「空気の抜ける↓穴(孔)」の意
27 ウ「粘液で湿っている↓膜」の意
28 ア 膨も張も「ふくれる」の意

点線で折り、解答を隠しても使えます!

4時間目

難易度Ⅳ

部首

目標時間 3分

あなたの学習の優先度は?

□A □B □C

使い方は20ページ

●次の漢字の部首をア〜エから一つ選び、記号を記せ。

□ 1 臨（ア口　イ匚　ウ工　エ臣）［　］

□ 2 既（ア艮　イ旡　ウ尢　エ儿）［　］

□ 3 孔（ア亅　イ乚　ウ子　エ一）［　］

□ 4 奪（ア隹　イ寸　ウ大　エ人）［　］

□ 5 疑（ア人　イ匕　ウ𧾷　エ矢）［　］

□ 6 更（ア大　イ一　ウ日　エ人）［　］

□ 7 辛（ア亠　イ十　ウ立　エ辛）［　］

□ 8 成（ア戈　イ弋　ウ丶　エ厂）［　］

□ 9 舞（ア舛　イ夕　ウノ　エ二）［　］

□ 10 髪（ア髟　イ彡　ウ又　エ長）［　］

□ 11 義（ア羊　イ戈　ウ王　エ弋）［　］

□ 12 魔（ア儿　イ木　ウ广　エ鬼）［　］

□ 13 鼻（ア 鼻 イ 田 ウ 廾 エ 自）［　］

□ 14 衝（ア 行 イ 彳 ウ 二 エ 里）［　］

□ 15 甲（ア 十 イ 田 ウ 日 エ 口）［　］

□ 16 戯（ア ト イ 弋 ウ 虍 エ 戈）［　］

□ 17 辞（ア 辛 イ 十 ウ 立 エ 舌）［　］

□ 18 辱（ア 辰 イ 厂 ウ 二 エ 寸）［　］

□ 19 就（ア 小 イ 尢 ウ 口 エ 亠）［　］

□ 20 冗（ア ノ イ 几 ウ 冖 エ し）［　］

□ 21 興（ア 八 イ 臼 ウ 口 エ 冂）［　］

□ 22 再（ア 一 イ 二 ウ 冂 エ 十）［　］

標準解答

1 エ 臣（しん）
2 イ 旡（なし）
3 ウ 子（こへん）
4 ウ 大（だい）
5 ウ 疋（ひき）
6 ウ 曰（ひらび）
7 エ 辛（からい）
8 ア 戈（ほこづくり）
9 ア 舛（まいあし）
10 ア 髟（かみがしら）
11 ア 羊（ひつじ）
12 エ 鬼（おに）
13 ア 鼻（はな）
14 ア 行（ぎょうがまえ）
15 イ 田（た）
16 エ 戈（ほこづくり）
17 ア 辛（からい）
18 ア 辰（しんのたつ）
19 イ 尢（だいのまげあし）
20 ウ 冖（わかんむり）
21 イ 臼（うす）
22 ウ 冂（どうがまえ）

点線で折り、解答を隠しても使えます！

対義語・類義語①

目標時間
5分

あなたの学習の優先度は？
□A □B □C
使い方は20ページ

●次の□の中の語を一度だけ使って漢字に直し、対義語・類義語を記せ。

対義語

□ 1 名声－悪□
□ 2 光明－□黒
□ 3 惜敗－辛□
□ 4 解雇－採□

類義語

□ 5 役者－□優
□ 6 陳列－□示
□ 7 不意－突□
□ 8 下品－□卑

あん・しょう・ぜん・てん・はい・ひょう・や・よう

対義語

□ 9 逮捕－釈□
□ 10 模倣－独□
□ 11 故郷－□郷
□ 12 例外－原□

類義語

□ 13 次第－順□
□ 14 計略－□謀
□ 15 基盤－土□
□ 16 日常－平□

い・さく・じょ・そ・そう・そく・だい・ほう

対義語

□ 17 阻害－□長

□ 18 新鋭－□豪

□ 19 難解－平□

□ 20 委細－概□

類義語

□ 21 絶賛－激□

□ 22 幽閉－監□

□ 23 期待－嘱□

□ 24 釈明－□解

い・きん・こ・じょ・しょう・べん・ぼう・りゃく

対義語

□ 25 強制－□意

□ 26 固定－□動

□ 27 臨時－□期

□ 28 温和－粗□

類義語

□ 29 利発－賢□

□ 30 粗相－□失

□ 31 手紙－書□

□ 32 憂慮－心□

か・じょう・てい・にん・ぱい・へん・ぼう・めい

標準解答

1 悪評《あくひょう》
2 暗黒《あんこく》
3 辛勝《しんしょう》
4 採用《さいよう》
5 俳優《はいゆう》
6 展示《てんじ》
7 突然《とつぜん》
8 野卑《やひ》

---

9 釈放《しゃくほう》
10 独創《どくそう》
11 異郷《いきょう》
12 原則《げんそく》
13 順序《じゅんじょ》
14 策謀《さくぼう》
15 土台《どだい》
16 平素《へいそ》

---

17 助長《じょちょう》
18 古豪《こごう》
19 平易《へいい》
20 概略《がいりゃく》
21 激賞《げきしょう》
22 監禁《かんきん》
23 嘱望《しょくぼう》
24 弁解《べんかい》

---

25 任意《にんい》
26 変動《へんどう》
27 定期《ていき》
28 粗暴《そぼう》
29 賢明《けんめい》
30 過失《かしつ》
31 書状《しょじょう》
32 心配《しんぱい》

点線で折り、解答を隠しても使えます!

対義語・類義語②

目標時間 5分

あなたの学習の優先度は?
□A □B □C
使い方は20ページ

●次の□の中の語を一度だけ使って漢字に直し、対義語・類義語を記せ。

対義語

□ 1 架空―実□

□ 2 卑下―□大

□ 3 優遇―□遇

□ 4 拘束―解□

類義語

□ 5 正邪―是□

□ 6 完遂―□成

□ 7 下地―□地

□ 8 魂胆―意□

ざい・そ・そん・たっ・と・ひ・ほう・れい

対義語

□ 9 零落―□達

□ 10 炎暑―□寒

□ 11 先祖―子□

□ 12 自白―黙□

類義語

□ 13 隷属―服□

□ 14 根底―□盤

□ 15 薄情―□淡

□ 16 訓練―□習

えい・えん・き・げん・じゅう・そん・ひ・れい

対義語

□ 17 悪化―好□

□ 18 帰順―反□

□ 19 穏健―過□

□ 20 模倣―創□

類義語

□ 21 処罰―制□

□ 22 無視―黙□

□ 23 負債―□金

□ 24 服従―隷□

ぎゃく・げき・さい・さつ・しゃっ・ぞう・ぞく・てん

対義語

□ 25 愛護―虐□

□ 26 承諾―□退

□ 27 令嬢―令□

□ 28 孤立―□帯

類義語

□ 29 性急―□気

□ 30 警護―護□

□ 31 入手―□得

□ 32 介抱―□護

えい・かん・じ・しゅ・そく・たい・たん・れん

標準解答

1 実在《じつざい》
2 尊大《そんだい》
3 冷遇《れいぐう》
4 解放《かいほう》
5 是非《ぜひ》
6 達成《たっせい》
7 素地《そじ》
8 意図《いと》

9 栄達《えいたつ》
10 厳寒《げんかん》
11 子孫《しそん》
12 黙秘《もくひ》
13 服従《ふくじゅう》
14 基盤《きばん》
15 冷淡《れいたん》
16 演習《えんしゅう》

17 好転《こうてん》
18 反逆《はんぎゃく》
19 過激《かげき》
20 創造《そうぞう》
21 制裁《せいさい》
22 黙殺《もくさつ》
23 借金《しゃっきん》
24 隷属《れいぞく》

25 虐待《ぎゃくたい》
26 辞退《じたい》
27 令息《れいそく》
28 連帯《れんたい》
29 短気《たんき》
30 護衛《ごえい》
31 取得《しゅとく》
32 看護《かんご》

点線で折り、解答を隠しても使えます!

対義語・類義語③

目標時間 5分

あなたの学習の優先度は?
□A □B □C
使い方は20ページ

● 次の□の中の語を一度だけ使って漢字に直し、対義語・類義語を記せ。

対義語

□ 1 脱色―□色
□ 2 賢明―□愚
□ 3 追加―削□
□ 4 侵害―擁□

類義語

□ 5 名誉―光□
□ 6 老練―円□
□ 7 独自―□有
□ 8 覚悟―決□

あん・い・えい・げん・ご・じゅく・せん・とく

対義語

□ 9 老成―□稚
□ 10 停滞―進□
□ 11 脱稿―□稿
□ 12 分裂―□一

類義語

□ 13 思慮―分□
□ 14 手腕―技□
□ 15 興亡―□衰
□ 16 吉報―□報

き・せい・てん・とう・べつ・よう・りょう・ろう

対義語

□ 17 帰路－□路

□ 18 平行－□差

□ 19 是認－□認

□ 20 消費－□蓄

類義語

□ 21 傍観－座□

□ 22 便利－重□

□ 23 力点－主□

□ 24 官吏－□人

おう・がん・こう・し・ちょ・ひ・ほう・やく

対義語

□ 25 死去－□生

□ 26 幹線－□線

□ 27 保守－□新

□ 28 閉鎖－開□

類義語

□ 29 関心－□味

□ 30 現職－現□

□ 31 起業－□業

□ 32 落胆－失□

えき・かく・きょう・し・そう・たん・ほう・ぼう

標準解答

1 染色《せんしょく》
2 暗愚《あんぐ》
3 削減《さくげん》
4 擁護《ようご》
5 光栄《こうえい》
6 円熟《えんじゅく》
7 特有《とくゆう》
8 決意《けつい》

9 幼稚《ようち》
10 進展《しんてん》
11 起稿《きこう》
12 統一《とういつ》
13 分別《ふんべつ》
14 技量《ぎりょう》
15 盛衰《せいすい》
16 朗報《ろうほう》

17 往路《おうろ》
18 交差《こうさ》
19 否認《ひにん》
20 貯蓄《ちょちく》
21 座視《ざし》
22 重宝《ちょうほう》
23 主眼《しゅがん》
24 役人《やくにん》

25 誕生《たんじょう》
26 支線《しせん》
27 革新《かくしん》
28 開放《かいほう》
29 興味《きょうみ》
30 現役《げんえき》
31 創業《そうぎょう》
32 失望《しつぼう》

4時間目

難易度Ⅳ

四字熟語

目標時間
5分

あなたの学習の優先度は?
□A □B □C
使い方は20ページ

●次の——線のカタカナを漢字で記せ。

□ 1 緩急ジザイの投球で打者を封じた。 〔　〕

□ 2 悩みがウンサン霧消した。 〔　〕

□ 3 思慮フンベツのある年齢に達する。 〔　〕

□ 4 独断センコウで和を乱した。 〔　〕

□ 5 針小ボウダイに物を言う癖がある。 〔　〕

□ 6 酒の飲み過ぎで前後フカクになる。 〔　〕

□ 7 コウキ到来とばかり勢い込んだ。 〔　〕

□ 8 同じ政党といえども同床イムだ。 〔　〕

□ 9 セイサツ与奪の権を握られている。 〔　〕

□ 10 巧言レイショクで中身がない。 〔　〕

□ 11 党は離合シュウサンを繰り返した。 〔　〕

□ 12 前途ユウボウな若者が集まる。 〔　〕

□ 13 問題をイットウ両断に解決した。 〔　〕

□ 14 国家がキキュウ存亡のときを迎える。 〔　〕

□ 15 奮励ドリョクして目標を達成する。 〔　〕

□ 16 組織内はシブン五裂の状態だ。 〔　〕

□ 17 利害トクシツを問わず行動する。 〔　〕

□ 18 コック勉励の末に道が開ける。 〔　〕

□ 19 幼児のイッキョ一動を見守る。［　］

□ 20 ギロン百出でまとまりがつかない。［　］

□ 21 博学タサイな人として尊敬される。［　］

□ 22 漫言ホウゴぶりにはうんざりする。［　］

□ 23 活殺ジザイの権力を誇示した。［　］

□ 24 暗雲テイメイして、気が休まらない。［　］

□ 25 ココン無双の横綱として名を残す。［　］

□ 26 熟慮ダンコウが為政者の要件だ。［　］

□ 27 炉辺ダンワとして見解を発表した。［　］

□ 28 敗退の知らせにシツボウ落胆した。［　］

□ 29 エンテン滑脱に事を取りまとめる。［　］

□ 30 悪逆ムドウの限りを尽くす。［　］

□ 31 リロ整然と考えを主張した。［　］

□ 32 無責任なリュウゲン飛語に悩まされた。［　］

標準解答

1 自在
2 雲散
3 分別
4 専行
5 棒大
6 不覚
7 好機
8 異夢
9 生殺
10 令色
11 集散
12 有望
13 一刀
14 危急
15 努力
16 四分
17 得失
18 刻苦
19 一挙
20 議論
21 多才
22 放語
23 自在
24 低迷
25 古今
26 断行
27 談話
28 失望
29 円転
30 無道
31 理路
32 流言

点線で折り、解答を隠しても使えます!

4時間目

難易度Ⅳ

誤字訂正①

目標時間
4分

●次の文中に間違って使われている同じ音訓の漢字が一字ある。その誤字と正しい漢字を記せ。

□ 1 数日、屋外で搬出作業に従事した複産物として、五キロの減量に成功した。 〔　↓　〕

□ 2 営業部への転属に伴い、机上に山積していた書類を全部、異動した。 〔　↓　〕

□ 3 健康造進法が公布された目的の一つに、現代病予防も含まれている。 〔　↓　〕

□ 4 工場見学が好票を博したため、次回は参加人数を倍にして実施する。 〔　↓　〕

□ 5 戦火で焼損した古代の壁画が、専門家の技術によって見事に複元された。 〔　↓　〕

□ 6 大規模な停電が長時間継続したことで、状備灯の必要性が再認識された。 〔　↓　〕

□ 7 玄格な検査態勢を敷いて作物の安全確認を行い、風評被害の軽減を図った。 〔　↓　〕

□ 8 内閣総理大臣は首脳会談出席のため、政府占用機で空港から出発した。 〔　↓　〕

□ **9** 大統領は、デモ参加者を調査して全員逮捕するなど厳しい姿勢で望んだ。［　↓　］

□ **10** 歩道上の放致自転車は、消防や救急など緊急時の交通の妨げになっている。［　↓　］

□ **11** 給与体系が年功序列型から成価主義に変わり、社員のストレスが増した。［　↓　］

□ **12** プロ野球両リーグの公式戦試合日定が、日本野球機構から発表された。［　↓　］

□ **13** その国際映画祭には、目の越えた観客も満足する世界中の秀作が集まった。［　↓　］

□ **14** 口称で伝えられた物語は、民族の風習や文化を知るうえで貴重な資料だ。［　↓　］

標準解答

1 複↓副

2 異↓移

3 造↓増

4 票↓評

5 複↓復

6 状↓常

7 玄↓厳

8 占↓専

9 望↓臨

10 致↓置

11 価↓果

12 定↓程

13 越↓肥

14 称↓承

3 **増進**《ぞうしん》→能力や体力などを、いっそう増し進めること。

5 **復元**《ふくげん》→もとの位置や形に戻すこと。

7 **厳格**《げんかく》→厳しく、不正や怠慢を許さないこと。

14 **口承**《こうしょう》→口から口へと伝えること。

点線で折り、解答を隠しても使えます！

4時間目

難易度Ⅳ

誤字訂正②

目標時間 4分

あなたの学習の優先度は?
□A □B □C
使い方は20ページ

●次の文中に間違って使われている同じ音訓の漢字が一字ある。その誤字と正しい漢字を記せ。

□ 1 彼の意志はあまりにも堅く、友人や両親の説特に全く耳を貸さない。 〔 ↓ 〕

□ 2 柱の間に筋かいを入れて、古い木造建築物の壁の耐震強度を保強した。 〔 ↓ 〕

□ 3 新薬改発成功の報道により、関係する業界全体の株価が一気に上昇した。 〔 ↓ 〕

□ 4 局地的な部族間の紛騒に、隣国が手を出して大規模な国際問題へと発展した。 〔 ↓ 〕

□ 5 生来病弱だったが、規則正しい生活を長年続けて体質が回善された。 〔 ↓ 〕

□ 6 娘は人見知りが激しく、衆団での行動や大勢の前で話すことが苦手だ。 〔 ↓ 〕

□ 7 自宅の新築時に、外壁は父の、内層は母の趣味で材質と配色を決めた。 〔 ↓ 〕

□ 8 一か月の研習で、新入社員に実際の仕事に役立つスキルを身に付けさせた。 〔 ↓ 〕

□ **9** 志望動起は一応聞くが、見るのは応募者の会話力や姿勢が中心となる。　[　↓　]

□ **10** 夏休み中育てている朝顔の観札日記を毎日つけるのは、大人でも苦痛だ。　[　↓　]

□ **11** その農薬は特定の病気の予妨に有効で、他の病害虫には効果がない。　[　↓　]

□ **12** 不正利用を未然に防ぐため、各機関に対して本人確任が義務付けられている。　[　↓　]

□ **13** 高山植物の保護目的で、観光客の木道以外への立ち入りを制元した。　[　↓　]

□ **14** 爆破事故の被害状況を評価するため、政府は思察団を現地に派遣した。　[　↓　]

標準解答

1 特→得
2 保→補
3 改→開
4 騒→争
5 回→改
6 衆→集
7 層→装
8 習→修
9 起→機
10 札→察
11 妨→防
12 任→認
13 元→限
14 思→視

2 **補強**《ほきょう》→足りないところや弱点を補い強くすること。
4 **紛争**《ふんそう》→事がもつれてもめること。
9 **動機**《どうき》→行動や意志を決めるきっかけ。
14 **視察**《しさつ》→現場に行き、様子を見極めること。

4時間目

難易度Ⅳ

書き取り①

目標時間 4分

あなたの学習の優先度は？
□A □B □C
使い方は20ページ

●次の――線のカタカナを漢字に直せ。

□ 1 千人をシュウヨウできるホールだ。
□ 2 四方から敵にホウイされる。
□ 3 危険をサッチして鳥が飛び立つ。
□ 4 パン作りはナれると簡単だ。
□ 5 防火セツビの点検を義務付ける。
□ 6 年功よりもジッセキ重視の社風だ。
□ 7 聴衆はコウホ者の演説に聴き入る。
□ 8 私鉄のウンチンが改定された。
□ 9 事故で車のソンショウが激しい。
□ 10 時間をサいて友人の悩みを聞いた。
□ 11 この絵画はかなりのシロモノだ。
□ 12 テツボウを順手で持って回転する。
□ 13 バンサクが尽き果てた。
□ 14 自分の勘を信じてウタガわない。
□ 15 マトハズれな議論に終始した。
□ 16 ルイジした商品が店頭に並ぶ。
□ 17 なかなかドキョウがある娘さんだ。
□ 18 品不足にビンジョウした値上げだ。
□ 19 能力がテキセイに評価されている。
□ 20 木を植えて海からの風をフセいだ。

- □ 21 車のネンリョウを調達する。
- □ 22 ユザめしないよう急いで服を着る。
- □ 23 豪雨で運航にシショウが出た。
- □ 24 結果も大事だがカテイも大事だ。
- □ 25 海が見える高台に居をカマえる。
- □ 26 カンケツな文章を心掛ける。
- □ 27 合格はナマヤサしいことではない。
- □ 28 両親はタイショウ的な性格だ。
- □ 29 仕事の合間に辺りをサンサクする。
- □ 30 高校でエンゲキ部の勧誘を受ける。
- □ 31 同期の社員を目のカタキにする。
- □ 32 地震で建物が大きくユれた。
- □ 33 皆の前でピアノをエンソウした。
- □ 34 キズグスリを塗って手当てする。
- □ 35 イズミからわき出る水は美味だ。
- □ 36 寺の山門でアマヤドりをする。

標準解答

1 収容
2 包囲
3 察知
4 慣
5 設備
6 実績
7 候補
8 運賃
9 損傷
10 割
11 代物
12 鉄棒
13 万策
14 疑
15 的外
16 類似
17 度胸
18 便乗
19 適正
20 防
21 燃料
22 湯冷
23 支障
24 過程
25 構
26 簡潔
27 生易
28 対照
29 散策
30 演劇
31 敵
32 揺
33 演奏
34 傷薬
35 泉
36 雨宿

点線で折り、解答を隠しても使えます!

4時間目

難易度Ⅳ

書き取り②

目標時間 4分

あなたの学習の優先度は?

□A □B □C

使い方は20ページ

●次の――線のカタカナを漢字に直せ。

□ 1 このコートはアツデだが軽い。

□ 2 テンケイ的な事例で検証する。

□ 3 地域のカンシュウに溶け込む。

□ 4 イタれり尽くせりのもてなしだ。

□ 5 身のケッパクを証明する。

□ 6 コクルイの生産量が伸びている。

□ 7 ヨウシ端麗で実力もある好青年だ。

□ 8 耳のタれた犬が愛くるしい。

□ 9 会社にツトめて四半世紀になる。

□ 10 弟は美男子だとジフする。

□ 11 無邪気な子供たちがキシベで遊ぶ。

□ 12 シュウゾウした美術品を寄付する。

□ 13 短期間でゲキテキに変化した。

□ 14 熟慮の末、役者をヤめた。

□ 15 声援をハゲみに猛練習に耐える。

□ 16 今日は午後から雨モヨウだ。

□ 17 大盛況のため上演期間がノびた。

□ 18 空間で音がキョウメイしている。

□ 19 ここでタバコをスってはいけない。

□ 20 ジュヒが入った漢方を服用する。

21 品質を一定のスイジュンに保つ。

22 カイコは飼料にも食用にもなる。

23 狭い通りで買い物客らがスれ違う。

24 株式の配当はカゼイの対象だ。

25 緊急事態が発生し自宅でタイキする。

26 メイロウな性格で皆から好かれる。

27 被害者をスクう目的で結成した会だ。

28 中止するのはトクサクではない。

29 つり橋でイクジなく足が震えた。

30 フルカブの社員が底力を発揮した。

31 変化をきらうヨコナラび主義だ。

32 取材で野球選手にミッチャクした。

33 避難勧告はすぐにカイジョされた。

34 証明書のユウコウ期限は月末だ。

35 見抜けない彼の目はフシアナだ。

36 ミヨりのない子供を引き取った。

標準解答

1 厚手
2 典型
3 慣習
4 至
5 潔白
6 穀類
7 容姿
8 垂
9 勤
10 自負
11 岸辺
12 収蔵
13 劇的
14 辞
15 励
16 模様
17 延
18 共鳴
19 吸
20 樹皮
21 水準
22 蚕
23 擦
24 課税
25 待機
26 明朗
27 救
28 得策
29 意気地
30 古株
31 横並
32 密着
33 解除
34 有効
35 節穴
36 身寄

点線で折り、解答を隠しても使えます!

熟語パズル

問題

①〜④の□にあてはまる四字熟語を入れたとき、ⒶⒷにあらわれる四字熟語はなんでしょう？

1

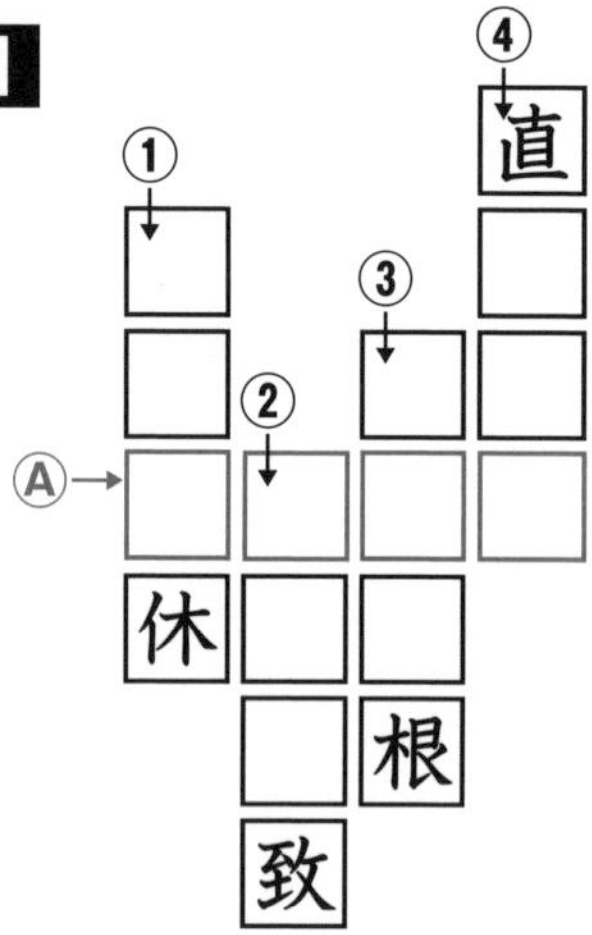

① ねむったりやすんだりせず、一生懸命に努力すること。
② いうこととやることが同じであること。
③ まったくでたらめなこと。
④ 感情のまま言動に表すこと。

2

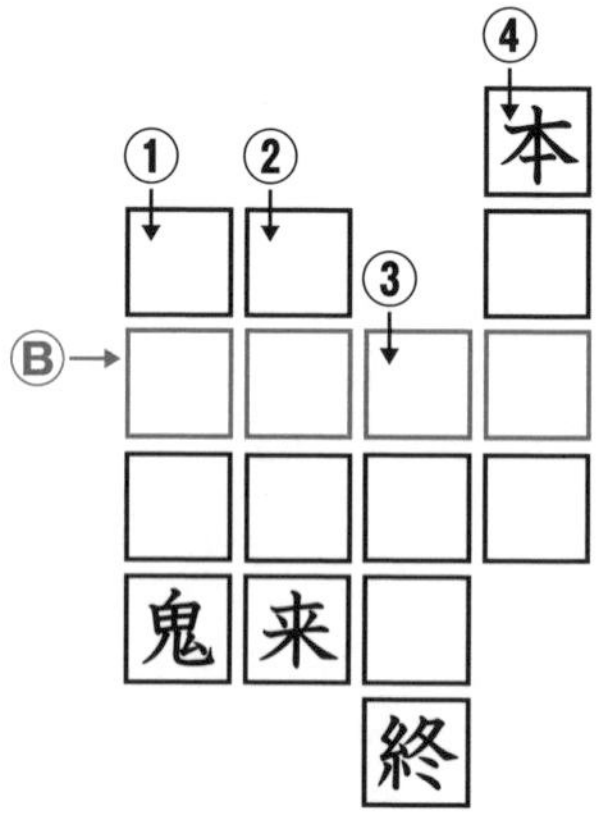

① うたがう気持ちが強くなると、何でもないことまで恐ろしく感じられること。
② よいチャンスがめぐってくること。
③ はじめからおわりまで。すべて。
④ 大切なことと、そうでないことを取り違えること。

答え

1 不言実行

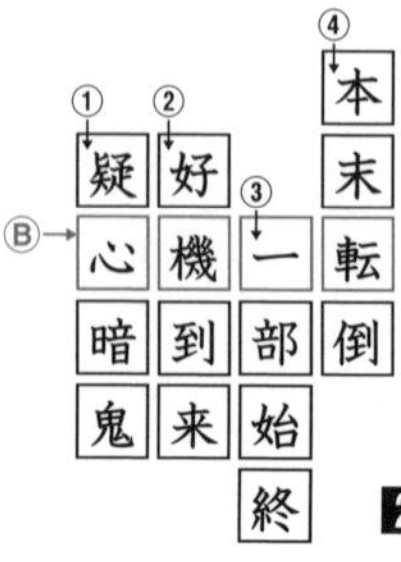

2 心機一転

curriculum

5時間目

模擬テスト

最後の総仕上げが模擬テストです。
本試験と同様の形式の問題を、制限時間内で
解き、実力を確かめましょう。

5時間目

模擬テスト

★★ 合格安全圏 160点以上
★ 合格範囲内 140～159点
！ 合格圏外 139点以下

総合点 ／200

1 読み

次の――線の漢字の読みをひらがなで記せ。

□ 1 涙なしでは読めない哀切な物語だ。［　］
□ 2 長い歳月をかけて地盤が隆起した。［　］
□ 3 結婚式に華美な服装で参列する。［　］
□ 4 この家を手放すのは惜しい。［　］
□ 5 転んでひざを擦りむいた。［　］
□ 6 父からの戒めを肝にめいじておく。［　］
□ 7 彼の詩は人生の哀れをうたった。［　］
□ 8 いたるところに危険が潜んでいる。［　］
□ 9 朗詠には独特の発声法が必要だ。［　］
□ 10 果敢に攻める姿に感動を覚える。［　］
□ 11 口下手で流行の話題にも乏しい。［　］
□ 12 布を裁ちワンピースを作る。［　］
□ 13 ガス漏れを感知する装置をつける。［　］
□ 14 雪辱を果たすチャンスが到来した。［　］
□ 15 討論の前に主題の概要を述べる。［　］
□ 16 大量の稚魚を川に放流した。［　］

各1点×30 ／30

□ 17 世論を**勘案**して法令を作る。［　　］

□ 18 教授の講義を最前列で**傾聴**する。［　　］

□ 19 **炉端**で茶を飲みながらくつろぐ。［　　］

□ 20 決勝は**甲乙**つけがたい好勝負だ。［　　］

□ 21 先発隊の行動の**軌跡**をたどる。［　　］

□ 22 広告を打って販売を**促進**する。［　　］

□ 23 間違いを指摘され**陳謝**した。［　　］

□ 24 過去の資料を**携**え会議に臨む。［　　］

□ 25 後世に**遺恨**を残すことになった。［　　］

□ 26 温泉につかっていたはだは**滑**らかだ。［　　］

□ 27 時代を**超越**した作品を創作する。［　　］

□ 28 政情が不安定で、**紛争**が起こる。［　　］

□ 29 運動不足で足の筋力が**衰**える。［　　］

□ 30 図書館で貴重な資料を**閲覧**する。［　　］

2 同音・同訓異字

各2点×15　　／30

次の——線のカタカナに当てはまる漢字をそれぞれのア～オから一つ選び、記号を記せ。

□ 1 故人を思い**レイ**前に手を合わせる。［　　］

□ 2 朝の気温は**レイ**下二度だった。［　　］

□ 3 早寝早起きを**レイ**行する。［　　］

（ア隷　イ零　ウ霊　エ齢　オ励）

□ 4 手紙の文面を拝**ケイ**で書き始める。［　　］

□ 5 一年**ケイ**約で大学の講師になった。［　　］

□ 6 本日の予定を黒板に**ケイ**示する。［　　］

（ア契　イ掲　ウ啓　エ携　オ刑）

□ 7 冷害で農作物の生育がソ害される。［　］

□ 8 ソ暴な振る舞いを戒める。［　］

□ 9 全国を統一して国家のソ石を築く。［　］

（ア 阻　イ 礎　ウ 訴　エ 粗　オ 祖）

□ 10 不用意に関わらないのがトク策だ。［　］

□ 11 トク志家の寄付で寺院を再建した。［　］

□ 12 トク名での相談を受け付ける。［　］

（ア 特　イ 得　ウ 匿　エ 徳　オ 篤）

□ 13 皇帝が孤島にユウ閉された。［　］

□ 14 ユウ大な景色が眼下に広がる。［　］

□ 15 人口の減少がユウ慮される。［　］

（ア 憂　イ 誘　ウ 雄　エ 幽　オ 勇）

3 漢字識別

各2点×5　／10

三つの□に共通する漢字を［　］の中から選んで熟語を作り、記号で記せ。

□ 1 傾□・傍□・盗□［　］

□ 2 □結・□傷・□解［　］

□ 3 □与・□分・□委［　］

□ 4 □母・□素・□発［　］

□ 5 技□・精□・□妙［　］

ア 凍　イ 聴　ウ 諮　エ 譲　オ 喫
カ 掌　キ 酵　ク 巧　ケ 侍　コ 吉

4 熟語の構成

熟語の構成には、次のようなものがある。

ア 同じような意味の字を重ねたもの（例 岩石）
イ 反対または対応の意味を表す字を重ねたもの（例 高低）
ウ 上の字が下の字を修飾しているもの（例 洋画）
エ 下の字が上の字の目的語・補語になっているもの（例 着席）
オ 上の字が下の字の意味を打ち消しているもの（例 非常）

次の熟語は上のア〜オのどれに当たるか、一つ選んで記号を記せ。

各2点×10　／20

□ 1 慰霊［　］
□ 2 未知［　］
□ 3 狩猟［　］
□ 4 夢幻［　］
□ 5 濫用［　］
□ 6 哀歓［　］
□ 7 未踏［　］
□ 8 出没［　］
□ 9 尊卑［　］
□ 10 湖畔［　］

5 部首

次の漢字の部首をア〜エから一つ選び、記号を記せ。

各1点×10　／10

□ 1 誉（ア⺍　イ一　ウ八　エ言）［　］

□ 2 餓（ア𩙿　イ人　ウ戈　エ弋）［　］

□ 3 昇（ア廾　イ日　ウ十　エノ）［　］

□ 4 祭（ア又　イ示　ウ八　エ夕）［　］

□ 5 蛮（ア八　イ丶　ウ亠　エ虫）［　］

□ 6 酔（ア襾　イ酉　ウ十　エ乙）［　］

□ 7 吉（ア十　イ一　ウ士　エ口）［　］

□ 8 焦（アイ　イ灬　ウ隹　エ匕）［　］

□ 9 遵（ア辶　イ酉　ウ西　エ寸）［　］

□ 10 墨（ア里　イ灬　ウ黒　エ土）［　］

6 対義語・類義語

各2点×10　／20

次の□の中の語を一度だけ使って漢字に直し、対義語・類義語を記せ。

対義語

□ 1 協力―妨□

□ 2 不和―円□

□ 3 長寿―薄□

□ 4 衰微―□隆

□ 5 縫合―□開

類義語

□ 6 外見―体□

□ 7 鼓舞―□励

□ 8 転換―□更

□ 9 強硬―強□

□ 10 両者―双□

いん・がい・げき・こう・さい・せっ・へん・ほう・まん・めい

7 送りがな

各2点×5　／10

次の――線のカタカナを漢字一字と送りがな（ひらがな）で記せ。

〈例〉問題にコタエル。［答える］

□ 1 遠くまで高い山がツラナッている。［　　］

□ 2 製鉄業でサカエテいる街だ。［　　］

□ 3 上司の指示にサカラッて信念を貫いた。［　　］

□ 4 白髪が増えたので髪をソメル。［　　］

□ 5 自然のイトナミに圧倒された。［　　］

8 四字熟語

次の――線のカタカナを漢字で記せ。

各2点×10　／20

□ 1 百鬼ヤコウの世を生きながらえる。〔　　〕

□ 2 平身テイトウして相手に謝罪した。〔　　〕

□ 3 そんなうわさ話は笑止センバンだ。〔　　〕

□ 4 彼はハガン一笑して心配を退けた。〔　　〕

□ 5 シュウシ一貫して主張を曲げない。〔　　〕

□ 6 国内の市場のモンコ開放を迫る。〔　　〕

□ 7 どの作品も大同ショウイだ。〔　　〕

□ 8 苦労が報われて、感慨ムリョウだ。〔　　〕

□ 9 最後の瞬間までリキセン奮闘した。〔　　〕

□ 10 シタサキ三寸で言いくるめられる。〔　　〕

9 誤字訂正

次の文中に間違って使われている同じ音訓の漢字が一字ある。その誤字と正しい漢字を記せ。

各2点×5　／10

□ 1 美しい光が建物の壁面に透影され、刻々と姿を変える様子に息を飲んだ。〔　　〕→〔　　〕

□ 2 典示された絵画彫刻で買い求めたい作品があれば、受付で予約が可能だ。〔　　〕→〔　　〕

□ 3 報告書によると、原価の大幅な削減と流通の効率化が当面の科題である。〔　　〕→〔　　〕

□ 4 障子で直謝日光を防いでも紫外線は通過するので日焼けには要注意だ。〔　　〕→〔　　〕

□ 5 就職活動時に自分自身の適性を知り、社会に出る不安を解障できた。〔　　〕→〔　　〕

10 書き取り

次の――線のカタカナを漢字に直せ。

□ 1 ハゲしい暑さで木が枯れる。〔　〕

□ 2 刺し身のモリ合わせを注文した。〔　〕

□ 3 景気の後退に歯止めをカける。〔　〕

□ 4 テンコして出欠を確かめる。〔　〕

□ 5 デンタツ事項を書いて回覧した。〔　〕

□ 6 冬に備えて夫のセーターをアむ。〔　〕

□ 7 本心とはウラハラな行動に出た。〔　〕

□ 8 カセツを立ててから実験する。〔　〕

□ 9 ナサけ深い人柄で愛されている。〔　〕

□ 10 彼は時代にジュンノウする男だ。〔　〕

□ 11 ダンリュウの影響で冬は寒くない。〔　〕

□ 12 ケンポウ記念日は国民の祝日だ。〔　〕

□ 13 味にテイヒョウがある料理屋だ。〔　〕

□ 14 南米大陸を車でジュウダンした。〔　〕

□ 15 橋のホシュウ工事が実施される。〔　〕

□ 16 広大な海のケイカンに感嘆する。〔　〕

□ 17 緊張のあまりヒタイから汗が滴る。〔　〕

□ 18 リンジニュースに耳を傾ける。〔　〕

□ 19 社員のズノウは会社の財産だ。〔　〕

□ 20 時間がユルす限り読書をしたい。〔　〕

各2点×20

／40

模擬テスト・標準解答

1 読み

1 あいせつ
2 りゅうき
3 かび
4 お
5 す
6 きも
7 あわ
8 ひそ
9 ろうえい
10 かかん
11 とぼ
12 た
13 も
14 せつじょく
15 がいよう
16 ちぎょ
17 かんあん
18 けいちょう
19 ろばた
20 こうおつ
21 きせき
22 そくしん
23 ちんしゃ
24 たずさ
25 いこん
26 なめ
27 ちょうえつ
28 ふんそう
29 おとろ
30 えつらん

各1点×30

2 同音・同訓異字

1 ウ
2 イ
3 オ
4 ウ
5 ア
6 イ
7 ア
8 エ
9 イ
10 イ
11 オ
12 ウ
13 エ
14 ウ
15 ア

各2点×15

3 漢字識別

1 イ
2 ア
3 エ
4 キ
5 ク

各2点×5

4 熟語の構成

1 エ
2 オ
3 ア
4 ア
5 ウ
6 イ
7 オ
8 イ
9 イ
10 ウ

各2点×10

きちんと
答え合わせをして、
自分の得点を
計算しよう。

5 部首

各1点×10

1	2	3	4	5	6	7	8	9	10
エ	ア	イ	イ	エ	イ	エ	イ	ア	エ

6 対義語・類義語

各2点×10

1	2	3	4	5	6	7	8	9	10
害	満	命	興	切	裁	激	変	引	方

7 送りがな

各2点×5

1	2	3	4	5
連なっ	栄えて	逆らっ	染める	営み

8 四字熟語

各2点×10

1	2	3	4	5	6	7	8	9	10
夜行	低頭	千万	破顔	終始	門戸	小異	無量	力戦	舌先

9 誤字訂正

各2点×5

1	2	3	4	5
透→投	典→展	科→課	謝→射	障→消

10 書き取り

各2点×20

1	2	3	4	5	6	7	8	9	10
激	盛	掛	点呼	伝達	編	裏腹	仮説	情	順応

11	12	13	14	15	16	17	18	19	20
暖流	憲法	定評	縦断	補修	景観	額	臨時	頭脳	許

熟語パズル

問題

□に漢字一字を入れて、二字熟語をそれぞれ4つ作ってみよう。

例

上：解　左：風　中央：和　右：室　下：服

答え　和［和解　和室／和服　和風］

1

上：技　左：説　中央：□　右：算　下：出

2

上：脚　左：車　中央：□　右：力　下：具

3

上：敵　左：直　中央：□　右：顔　下：材

4

上：推　左：鬼　中央：□　右：道　下：悪

答え　**1** 演　**2** 馬　**3** 素　**4** 邪

補習授業

新出配当漢字／［出る順］ランキング

284字

※例文の書き取り問題は、見出しの漢字を使ってください
※3級の配当漢字を部首ごとに分けて収録しています。■は頻出度の高い漢字
※読みは原則として音読みをカタカナで、訓読みをひらがなで、送りがなは(　)に入れて示しています。高は高校で習う読み

3級新出配当漢字対策

部首／漢字／読み

の・はらいぼう　ノ

乏
ボウ　とぼ(しい)
酸素が**ケツボウ**する。　［欠乏］
器用貧**ボウ**な人。　［乏］

おつ　乙

乙
オツ
コウオツつけがたい。　［甲乙］
空に**オトメ**座が輝く。　［乙女］

はねぼう　亅

了
リョウ
試合の**シュウリョウ**。　［終了］
人々を**ミリョウ**する。　［魅了］

にんべん　亻

伐
バツ
敵を**トウバツ**する。　［討伐］
サツバツとした空気。　［殺伐］

伏
フク　ふ(す)　ふ(せる)
キフクの多い地形。　［起伏］
フクセンを敷く。　［伏線］

伸
シン　の(ばす)　の(びる)　の(べる)
足を**クッシン**させる。　［屈伸］
布が**シンシュク**する。　［伸縮］

伴
ハン　バン　ともな(う)
夫人を**ドウハン**する。　［同伴］
ピアノの**バンソウ**。　［伴奏］

佳
カ
話が**カキョウ**に入る。　［佳境］
カサクに選ばれる。　［佳作］

侍
ジ　さむらい
サムライを演じる。　［侍］

促
ソク　うなが(す)
販売を**ソクシン**する。　［促進］
返事を**サイソク**する。　［催促］

倹
ケン
ケンヤクに努める。　［倹約］

倣
ホウ　なら(う)高
技術を**モホウ**する。　［模倣］

四字熟語　器用貧乏(きようびんぼう)…なまじ器用で大成しないこと。

部首 漢字 読み

にんべん 亻

偶 グウ
グウゼン出会う。［偶然］
グウスウ個の商品。［偶数］

債 サイ
フサイを抱える。［負債］
サイムを負う。［債務］

催 サイ もよお(す)
サイミン術にかかる。［催眠］
大会を**シュサイ**する。［主催］

ひとやね 人

企 キ くわだ(てる)
キギョウに就職する。［企業］
キカクを練る。［企画］

ひとあし・にんにょう 儿

克 コク
コクメイに報告する。［克明］
病気を**コクフク**する。［克服］

免 メン まぬか(れる)高
メンゼイ店で買う。［免税］
メンショクされる。［免職］

わかんむり 冖

冗 ジョウ
ジョウマンな文章。［冗漫］
ジョウダンが過ぎる。［冗談］

冠 カン かんむり
エイカンに輝く。［栄冠］
道路が**カンスイ**する。［冠水］

にすい 冫

凍 トウ こお(る) こご(える)
肉を**カイトウ**する。［解凍］
計画を**トウケツ**する。［凍結］

凝 ギョウ こ(らす) こ(る)
一点を**ギョウシ**する。［凝視］
気体の**ギョウシュク**。［凝縮］

りっとう 刂

刑 ケイ
ゲンケイを嘆願する。［減刑］
主犯を**ショケイ**する。［処刑］

削 サク けず(る)
作文を**テンサク**する。［添削］
予算を**サクゲン**する。［削減］

ちから 力

励 レイ はげ(ます) はげ(む)
選手を**ゲキレイ**する。［激励］
奮レイ努力する。［励］

勘 カン
カンベンしてもらう。［勘弁］
状況を**カンアン**する。［勘案］

募 ボ つの(る)
クイズに**オウボ**する。［応募］
標語を**コウボ**する。［公募］

はこがまえ 匚

匠 ショウ
演劇界の**キョショウ**。［巨匠］
シショウに教わる。［師匠］

類義語 負債＝借金

部首 / 漢字 / 読み

匸 かくしがまえ

匿 トク
- 資産を**イントク**する。［隠匿］
- 情報源を**ヒトク**する。［秘匿］

十 じゅう

卓 タク
- **タクエツ**した技術。［卓越］
- **タクバツ**した才能。［卓抜］

卑 ヒ　いや(しい)高　いや(しむ)高　いや(しめる)高
- **ソンピ**を区別しない。［尊卑］
- 自身を**ヒゲ**する。［卑下］

卩 わりふ・ふしづくり

卸 おろ(す)　おろし
- **オロシネ**で販売する。［卸値］

厂 がんだれ

厘 リン
- 九分九**リン**完成した。［厘］

又 また

又 また
- 話を**マタギ**きする。［又聞］
- 本を**マタガ**しする。［又貸］

双 ソウ　ふた
- 古今無**ソウ**の名横綱。［双］
- **ソウホウ**が譲歩する。［双方］

口 くち

吉 キチ　キツ
- **キッキョウ**を占う。［吉凶］
- **フキツ**な夢を見る。［不吉］

吏 リ
- **カンリ**に登用される。［官吏］

哀 アイ　あわ(れ)　あわ(れむ)
- 人生の**アイカン**。［哀歓］
- **ヒアイ**を味わう。［悲哀］

哲 テツ
- **テツガク**を専攻する。［哲学］
- 何の**ヘンテツ**もない。［変哲］

啓 ケイ
- 人々を**ケイハツ**する。［啓発］
- 神の**ケイジ**を受ける。［啓示］

口 くちへん

喚 カン
- 注意を**カンキ**する。［喚起］
- **カンセイ**が上がる。［喚声］

喫 キツ
- **キツエン**を禁じる。［喫煙］
- **キッサ**店で休憩する。［喫茶］

嘱 ショク
- **ショクボウ**される。［嘱望］
- 調査を**イショク**する。［委嘱］

土 つち

塗 ト　ぬ(る)
- 薬を皮膚に**トフ**する。［塗布］
- ペンキで**トソウ**する。［塗装］

四字熟語　古今無双(ここんむそう)…昔から現在まで、匹敵するものがないこと。

部首｜漢字｜読み

つち 土

墨　ボク／すみ
スミエの掛け軸。
方針を**ボクシュ**する。
［墨絵］［墨守］

墜　ツイ
山中に**ツイラク**する。
信用が**シッツイ**する。
［墜落］［失墜］

墾　コン
カイコンした土地。
［開墾］

つちへん 土

坑　コウ
タンコウを閉鎖する。
鉱山の**コウドウ**。
［炭坑］［坑道］

埋　マイ／う(まる)／う(める)／う(もれる)
赤字を**アナウ**めする。
石炭の**マイゾウ**量。
［穴埋］［埋蔵］

塊　カイ／かたまり
キンカイを保有する。
ヒョウカイを割る。
［金塊］［氷塊］

墳　フン
フンボの地を訪ねる。
コフンを発掘する。
［墳墓］［古墳］

壇　タン 高／ダン
講師が**トウダン**する。
ブンダンの重鎮。
［登壇］［文壇］

だい 大

奉　ブ／ホウ／たてまつ(る) 高
舞を**ホウノウ**する。
社会へ**ホウシ**する。
［奉納］［奉仕］

契　ケイ／ちぎ(る) 高
飛躍の**ケイキ**となる。
雇用**ケイヤク**を結ぶ。
［契機］［契約］

奪　ダツ／うば(う)
ソウダツ戦を制する。
生殺与**ダツ**の権。
［争奪］［　奪］

おんな 女

婆　バ
ロウバに相談する。
［老婆］

おんなへん 女

如　ジョ／ニョ 高
想像力の**ケツジョ**。
面目躍**ジョ**たる活躍。
［欠如］［　如］

妨　ボウ／さまた(げる)
通行を**ボウガイ**する。
［妨害］

娯　ゴ
ゴラク番組を見る。
［娯楽］

姫　ひめ
ヒメギミが誕生する。
［姫君］

四字熟語 面目躍如（めんもくやくじょ）… 世間の評価を上げ、目をひくさま。

女 おんなへん

婿 セイ 高 むこ
ハナムコを募集する。
ムスメムコの実家。
[花婿]
[娘婿]

嫁 カ 高 とつ(ぐ) よめ
ハナヨメを祝福する。
[花嫁]

嬢 ジョウ
社長のレイジョウ。
[令嬢]

子 こへん

孔 コウ
ビコウをくすぐる。
葉の表面のキコウ。
[鼻孔]
[気孔]

子 こへん

孤 コ
コトウに漂着する。
コ城落日の観がある。
[孤島]
[孤]

宀 うかんむり

宴 エン
シュクエンを催す。
エンセキを設ける。
[祝宴]
[宴席]

審 シン
挙動のフシンな人物。
国会でシンギする。
[不審]
[審議]

寸 すん

寿 ジュ ことぶき
不老長ジュの秘薬。
[寿]

寸 すん

封 フウ ホウ
カンプウ勝ちする。
手紙をカイフウする。
[完封]
[開封]

尸 かばね・しかばね

尿 ニョウ
病院でのケンニョウ。
ハイニョウを促す。
[検尿]
[排尿]

山 やま

岳 ガク たけ
サンガクがそびえる。
[山岳]

崩 ホウ くず(す) くず(れる)
がけがホウラクする。
ナダレが起きる。
[崩落]
[雪崩]

山 やまへん

峡 キョウ
絶景のキョウコク。
カイキョウを渡る。
[峡谷]
[海峡]

工 たくみへん

巧 コウ たく(み)
側近のコウ言令色。
コウミョウな手口。
[巧]
[巧妙]

巾 はば

帝 テイ
テイオウが統治する。
コウテイが即位する。
[帝王]
[皇帝]

巾 はばへん・きんべん

帆 ハン ほ
順風満パンの人生。
ホバシラを立てる。
[帆]
[帆柱]

四字熟語 順風満帆(じゅんぷうまんぱん)… 物事が順調に進むさま。

部首
漢字
読み

よう・いとがしら 幺

幻
ゲン
まぼろし

変**ゲン**自在の動き。［幻］
ゲンエイにおびえる。［幻影］

幽
ユウ

深山**ユウ**谷に入る。［幽］
孤島に**ユウヘイ**する。［幽閉］

まだれ 广

廊
ロウ

ロウカを掃除する。［廊下］
ガロウで個展を開く。［画廊］

廉
レン

清**レン**潔白を訴える。［廉］
レンカで販売する。［廉価］

ゆみへん 弓

弧
コ

ボールが**コ**を描く。［弧］

さんづくり 彡

彫
チョウ
ほ(る)

大理石の**チョウコク**。［彫刻］
キボりの仏像を拝む。［木彫］

ぎょうにんべん 彳

徐
ジョ

ジョコウ運転する。［徐行］

りっしんべん 忄

怪
カイ
あや(しい)
あや(しむ)

複雑**カイ**奇な事件。［怪］
キカイな事件に遭う。［奇怪］

悔
カイ
く(いる)
く(やむ)
くや(しい)

失敗を**コウカイ**する。［後悔］
カイコンの涙を流す。［悔恨］

恨
コン
うら(む)
うら(めしい)

カイコンの念を抱く。［悔恨］
イコンを晴らす。［遺恨］

悦
エツ

エツラクに浸る。［悦楽］
ご**マンエツ**の様子だ。［満悦］

悟
ゴ
さと(る)

カクゴを決める。［覚悟］

惜
セキ
お(しい)
お(しむ)

宿敵に**セキハイ**する。［惜敗］
セキベツの情を抱く。［惜別］

慌
コウ 高
あわ(ただしい)
あわ(てる)

オオアワてで探す。［大慌］

慨
ガイ

合格で感**ガイ**無量だ。［慨］
俗世に**ガイタン**する。［慨嘆］

憎
ゾウ
にく(い)
にく(しみ)
にく(む)
にく(らしい)

アイゾウ相半ばする。［愛憎］
ココロニクい演出。［心憎］

四字熟語 深山幽谷（しんざんゆうこく）… 人里離れた静かな自然。

てへん 扌

択
タク
- 情報の取捨選**タク**。[択]
- 二者**タク**一を迫る。[択]

抑
ヨク
おさ(える)
- **ヨクヨウ**をつける。[抑揚]
- 感情を**ヨクセイ**する。[抑制]

拘
コウ
- 身柄を**コウソク**する。[拘束]
- 犯人を**コウキン**する。[拘禁]

抽
チュウ
- **チュウショウ**的な話。[抽象]
- 成分の**チュウシュツ**。[抽出]

掛
か(かる)
か(ける)
かかり
- わなを**シカ**ける。[仕掛]

掲
ケイ
かか(げる)
- 記事を**ケイサイ**する。[掲載]
- **ゼンケイ**の図表。[前掲]

控
コウ 高
ひか(える)
- 病で外出を**ヒカ**える。[控]

措
ソ
- 万全の**ソチ**をとる。[措置]

掃
ソウ
は(く)
- 校内を**セイソウ**する。[清掃]
- 敵を**イッソウ**する。[一掃]

排
ハイ
- **ハイタ**的な考え方。[排他]
- 宗教を**ハイセキ**する。[排斥]

換
カン
か(える)
か(わる)
- 漢字に**ヘンカン**する。[変換]
- 難語を**カンゲン**する。[換言]

揚
ヨウ
あ(がる)
あ(げる)
- **ヨクヨウ**をつける。[抑揚]
- 意気**ヨウ**々と歩く。[揚]

揺
ヨウ
ゆ(さぶる) ゆ(すぶる)
ゆ(する) ゆ(らぐ)
ゆ(る) ゆ(るぐ)
ゆ(れる)
- 心が**ドウヨウ**する。[動揺]

携
ケイ
たずさ(える)
たずさ(わる)
- 企業と**テイケイ**する。[提携]
- **レンケイ**を密にする。[連携]

搾
サク 高
しぼ(る)
- **チチシボ**り体験。[乳搾]

摂
セツ
- 栄養を**セッシュ**する。[摂取]
- **セッセイ**に努める。[摂生]

四字熟語 取捨選択（しゅしゃせんたく）… 必要なものを選び取り不要なものを捨てること。

部首 / 漢字 / 読み

てへん 扌

撮
サツ
と(る)

映画を**サツエイ**する。［撮影］

擁
ヨウ

人権を**ヨウゴ**する。［擁護］
ホウヨウを交わす。［抱擁］

擦
サツ
す(る)
す(れる)

サッカショウを負う。［擦過傷］

さんずい 氵

没
ボツ

研究に**ボットウ**する。［没頭］
熊が**シュツボツ**する。［出没］

泌
ヒ
ヒツ 高

皮脂を**ブンピツ**する。［分泌］

浪
ロウ

ホウロウの旅に出る。［放浪］
時間を**ロウヒ**する。［浪費］

湿
シツ
しめ(す)
しめ(る)

シツジュンな気候。［湿潤］
カンシツ計で測る。［乾湿］

湾
ワン

コウワンを整備する。［港湾］
道が**ワンキョク**する。［湾曲］

滑
カツ
コツ
すべ(る)
なめ(らか)

円転**カツ**脱な語り口。［滑］
エンカツに運営する。［円滑］

滞
タイ
とどこお(る)

作業が**テイタイ**する。［停滞］
税金を**タイノウ**する。［滞納］

滝
たき

タキに打たれる。［滝］

滅
メツ
ほろ(びる)
ほろ(ぼす)

王国が**メツボウ**する。［滅亡］
権利の**ショウメツ**。［消滅］

漂
ヒョウ
ただよ(う)

ヒョウハクの旅。［漂泊］
海岸の**ヒョウチャク**物。［漂着］

漏
ロウ
も(らす)
も(る)
も(れる)

ロウデンの定期点検。［漏電］
準備に**イロウ**がない。［遺漏］

潤
ジュン
うる(む)
うるお(う)
うるお(す)

シツジュンな風土。［湿潤］
ジュンタクな資源。［潤沢］

潜
セン
ひそ(む)
もぐ(る)

センスイで泳ぐ。［潜水］
街中に**センプク**する。［潜伏］

四字熟語 **神出鬼没**(しんしゅつきぼつ)… すばやく現れたり消えたりすること。

さんずい 氵

濫
ラン
職権をランヨウする。［濫用］
小説をランドクする。［濫読］

瀬
せ
アサセに乗り上げる。［浅瀬］

けものへん 犭

猟
リョウ
シュリョウで暮らす。［狩猟］
リョウシが山に入る。［猟師］

獄
ゴク
ジゴクのような日々。［地獄］
罪人がダツゴクする。［脱獄］

くさかんむり 艹

芳
ホウ
かんば(しい)高
梅のホウコウが漂う。［芳香］

苗
ビョウ高
なえ
なわ
ナエギを庭に植える。［苗木］
ナワシロを作る。［苗代］

華
カ
ケ高
はな
カビな服装を避ける。［華美］
ゴウカな衣装を着る。［豪華］

菊
キク
道端にノギクが咲く。［野菊］

葬
ソウ
ほうむ(る)高
ソウギに参列する。［葬儀］
冠婚ソウサイマナー。［葬祭］

藩
ハン
ダッパンした浪人。［脱藩］
ハンシュの座に就く。［藩主］

しんにょう・しんにゅう 辶

逮
タイ
容疑者をタイホする。［逮捕］

遇
グウ
困難にソウグウする。［遭遇］
政敵をレイグウする。［冷遇］

遂
スイ
と(げる)
ミスイに終わる。［未遂］
任務をスイコウする。［遂行］

遭
ソウ
あ(う)
雪崩にソウグウする。［遭遇］
雪山でソウナンする。［遭難］

遵
ジュン
法をジュンシュする。［遵守］
ジュンポウの精神。［遵法］

おおざと 阝

邦
ホウ
ホンポウ初公開。［本邦］
ホウガクを聴く。［邦楽］

対義語 違反⇔遵守

部首　漢字　読み

おおざと　阝

邪　ジャ
ジャアクな考え。［邪悪］
関係をジャスイする。［邪推］

郊　コウ
コウガイに居住する。［郊外］
キンコウに引っ越す。［近郊］

郭　カク
顔のリンカクを描く。［輪郭］
ジョウカクを巡らす。［城郭］

こざとへん　阝

阻　ソ　はば(む)高
成長をソガイする。［阻害］
ケンソな山道が続く。［険阻］

陳　チン
商品をチンレツする。［陳列］
チンプな表現。［陳腐］

陶　トウ
歌声にトウスイする。［陶酔］
トウキの皿に盛る。［陶器］

陪　バイ
バイシン員を務める。［陪審］

隆　リュウ
海底がリュウキする。［隆起］
リュウセイを極める。［隆盛］

陵　リョウ　みささぎ高
キュウリョウ地帯。［丘陵］
リョウボを発掘する。［陵墓］

随　ズイ
ツイズイを許さない。［追随］
ズイブンと成長した。［随分］

隔　カク　へだ(たる)　へだ(てる)
カクセイの感がある。［隔世］
エンカクで操作する。［遠隔］

こころ　心

忌　キ　い(まわしい)高　い(む)高
キビきで会社を休む。［忌引］
サンカイキの法要。［三回忌］

怠　タイ　おこた(る)　なま(ける)
タイマンな仕事ぶり。［怠慢］

愚　グ　おろ(か)
グモンを発する。［愚問］
アングな指導者。［暗愚］

慈　ジ　いつく(しむ)高
ジゼン事業に尽くす。［慈善］
仏のジヒにすがる。［慈悲］

慰　イ　なぐさ(む)　なぐさ(める)
イレイ祭を催す。［慰霊］
部下をイリュウする。［慰留］

四字熟語　新陳代謝（しんちんたいしゃ）…新しいものが古いものと入れ替わること。

部首｜漢字｜読み

心 こころ

憂　ユウ／う(い) 高／うれ(い)／うれ(える)

一喜一**ユウ**する。［憂］
ユウリョすべき事態。［憂慮］

憩　ケイ／いこ(い)／いこ(う) 高

少し**キュウケイ**する。［休憩］
外で**ショウケイ**する。［小憩］

小 したごころ

慕　ボ／した(う)

ケイボの念を抱く。［敬慕］
レンボの情が募る。［恋慕］

戸 とだれ・とかんむり

房　ボウ／ふさ

ダンボウをつける。［暖房］
ブンボウグを買う。［文房具］

手 て

掌　ショウ

仏に**ガッショウ**する。［合掌］
政権の**ショウアク**。［掌握］

攵 のぶん・ぼくづくり

敢　カン

カカンに立ち向かう。［果敢］
ユウカンに戦う。［勇敢］

斗 とます

斗　ト

北**ト**七星を見上げる。［斗］

斤 きん

斤　キン

イッキンの食パン。［一斤］

斤 きん

斥　セキ

思想を**ハイセキ**する。［排斥］

方 ほうへん・かたへん

施　シ／セ 高／ほどこ(す)

シセツを利用する。［施設］
訓練を**ジッシ**する。［実施］

日 ひ

昇　ショウ／のぼ(る)

駅の**ショウコウ**口。［昇降］
部長への**ショウカク**。［昇格］

晶　ショウ

努力の**ケッショウ**。［結晶］
エキショウテレビ。［液晶］

日 ひ

暫　ザン

ザンテイ的な措置。［暫定］
ザンジ中断された。［暫時］

木 き

架　カ／か(かる)／か(ける)

カクウの人物を描く。［架空］
線路を**コウカ**にする。［高架］

某　ボウ

ボウショで会食する。［某所］
ボウコクに逃げる。［某国］

桑　ソウ 高／くわ

クワバタケが広がる。［桑畑］

四字熟語　一喜一憂（いっきいちゆう）… 状況により喜んだり心配したりすること。

部首 漢字 読み

木 き

棄 キ
試合をキケンする。［棄権］
自暴自キになる。［棄］

木 きへん

棋 キ
プロキシが対局する。［棋士］

楼 ロウ
ショウロウを建てる。［鐘楼］
砂上のロウカク。［楼閣］

概 ガイ
ガイリャクを述べる。［概略］
ガイヨウを説明する。［概要］

欠 あくび・かける

欧 オウ
セイオウ絵画を飾る。［西欧］
首相がホウオウする。［訪欧］

欺 ギ あざむ(く)
人目をアザムく。［欺］

歹 かばねへん・いちたへん・がつへん

殊 シュ こと
トクシュな事情。［特殊］
シュショウな心掛け。［殊勝］

殳 るまた・ほこづくり

殴 オウ 高 なぐ(る)
ヨコナグりの雨。［横殴］

火 ひ

炎 エン ほのお
キエンを吐く。［気炎］
エンテンカでの試合。［炎天下］

火 ひへん

炊 スイ た(く)
新米をスイハンする。［炊飯］
ゾウスイを食べる。［雑炊］

炉 ロ
ロ辺談話を楽しむ。［炉］
家族でダンロを囲む。［暖炉］

灬 れんが・れっか

焦 ショウ あせ(る) 高 こ(がす) こ(がれる) こ(げる)
ショウテンを絞る。［焦点］
ショウソウを感じる。［焦燥］

牛 うしへん

牲 セイ
多大なギセイを払う。［犠牲］

犠 ギ
事故のギセイになる。［犠牲］

礻 しめすへん

祉 シ
フクシの増進を図る。［福祉］

月 にくづき

肝 カン きも
キモダメし大会。［肝試］
ドギモを抜かれる。［度肝］

四字熟語 自暴自棄(じぼうじき)… やけになり、将来の希望を捨てること。

にくづき 月

胎 タイ
タイドウを感じる。 ［胎動］
タイジが順調に育つ。 ［胎児］

胆 タン
大**タン**不敵な犯行。 ［胆 ］
落選への失望落**タン**。 ［胆 ］

胞 ホウ
サイボウが分裂する。 ［細胞］
きのこの**ホウシ**。 ［胞子］

膜 マク
ネンマクが傷つく。 ［粘膜］
カクマクを移植する。 ［角膜］

膨 ボウ ふく(らむ) ふく(れる)
ボウダイな額に上る。 ［膨大］
予算の**ボウチョウ**。 ［膨張］

にく 肉

脅 キョウ おど(かす) おど(す) おびや(かす) 高
キョウイを感じる。 ［脅威］

た 田

甲 コウ カン
コウオツつけがたい。 ［甲乙］
カンダカい声が響く。 ［甲高］

畜 チク
チクサン業の振興。 ［畜産］
カチクを飼う。 ［家畜］

たへん 田

畔 ハン
コハンを散歩する。 ［湖畔］
チハンを散歩する。 ［池畔］

やまいだれ 疒

疾 シツ
全力で**シッソウ**する。 ［疾走］
草原を**シック**する。 ［疾駆］

痘 トウ
スイトウに感染する。 ［水 痘］
テンネントウの流行。 ［天然痘］

癖 ヘキ くせ
ケッペキな人物。 ［潔癖］
ナンクセをつける。 ［難癖］

いしへん 石

硬 コウ かた(い)
コウカに両替する。 ［硬貨］
セイコウな訳文。 ［生硬］

碑 ヒ
セキヒを建立する。 ［石 碑］
イレイヒに合掌する。 ［慰霊碑］

礎 ソ いしずえ 高
キソから学び直す。 ［基礎］
国家の**ソセキ**を築く。 ［礎石］

のぎへん 禾

稚 チ
ヨウチなやり方。 ［幼稚］
チギョを放流する。 ［稚魚］

四字熟語 大胆不敵(だいたんふてき)…度胸があって恐れないこと。

部首 漢字 読み

のぎへん 禾

穂 スイ 高 ほ
筆のホサキを整える。［穂先］
イナホが風に揺れる。［稲穂］

穏 オン おだ(やか)
平オン無事を祈る。［穏］
オンビンに済ませる。［穏便］

穫 カク
米をシュウカクする。［収穫］

あなかんむり 穴

窒 チツ
酸欠でチッソクする。［窒息］
チッソを多く含む。［窒素］

なし・ぶ・すでのつくり 旡

既 キ すで(に)
キコン者を募集する。［既婚］
キテイの方針に従う。［既定］

ころもへん 衤

裸 ラ はだか
ラガンで視力を測る。［裸眼］
セキララに語る。［赤裸々］

たけかんむり ⺮

符 フ
話がフゴウする。［符合］
駅でキップを買う。［切符］

篤 トク
キトク状態を脱した。［危篤］
トクジツな人柄。［篤実］

たけかんむり ⺮

簿 ボ
チョウボをつける。［帳簿］
メイボを作成する。［名簿］

籍 セキ
他社へイセキする。［移籍］
ショセキを整理する。［書籍］

こめへん 米

粋 スイ いき
要点をバッスイする。［抜粋］
ジュンスイな気持ち。［純粋］

粗 ソ あら(い)
報告にセイソがある。［精粗］
人口のソミツがある。［粗密］

こめへん 米

粘 ネン ねば(る)
ネンチャクテープ。［粘着］
ネンマクがはれる。［粘膜］

糧 リョウ ロウ 高 かて 高
ショクリョウを配る。［食糧］

いと 糸

緊 キン
キンキュウを要する。［緊急］
情勢がキンパクする。［緊迫］

いとへん 糸

紛 フン まぎ(らす) まぎ(らわしい) まぎ(らわす) まぎ(れる)
ナイフンが収まる。［内紛］
書類をフンシツする。［紛失］

四字熟語 平穏無事(へいおんぶじ)…穏やかで変わったこともなく安らかなこと。

糸 いとへん

紺
コン
ノウコンのスーツ。
コンイロの服を着る。
[濃紺]
[紺色]

絞
コウ 高
し(まる)
し(める)
しぼ(る)
ぞうきんを**シボ**る。
[絞]

綱
コウ
つな
ツナワタりの経営。
イノチヅナをつける。
[綱渡]
[命綱]

緩
カン
ゆる(い)
ゆる(む)
ゆる(める)
ゆる(やか)
カンマンな対応。
カン急自在の投球。
[緩慢]
[緩]

締
テイ
し(まる)
し(める)
条約を**テイケツ**する。
トジまりをする。
[締結]
[戸締]

縛
バク
しば(る)
自由を**ソクバク**する。
[束縛]

縫
ホウ
ぬ(う)
天衣無**ホウ**な生き方。
母に**サイホウ**を習う。
[縫]
[裁縫]

繕
ゼン
つくろ(う)
シュウゼンして使う。
[修繕]

羽 はね

翻
ホン
ひるがえ(す) 高
ひるがえ(る) 高
相手に**ホンイ**を促す。
英語に**ホンヤク**する。
[翻意]
[翻訳]

耳 みみへん

聴
チョウ
き(く)
ケイチョウする。
事情**チョウシュ**をする。
[傾聴]
[聴取]

虍 とらがしら・とらかんむり

虐
ギャク
しいた(げる) 高
ギャクタイを受ける。
ザンギャクな事件。
[虐待]
[残虐]

虚
キョ
コ 高
クウキョな生活。
キョジツを見極める。
[空虚]
[虚実]

虫 むし

蛮
バン
バンコウを後悔する。
ヤバンに振る舞う。
[蛮行]
[野蛮]

行 ぎょうがまえ・ゆきがまえ

衝
ショウ
車が**ショウトツ**する。
ショウドウ的に買う。
[衝突]
[衝動]

衣 ころも

衰
スイ
おとろ(える)
産業が**スイタイ**する。
一族の**セイスイ**。
[衰退]
[盛衰]

袋
タイ 高
ふくろ
白い**タビ**をはく。
ネブクロに入る。
[足袋]
[寝袋]

四字熟語 緩急自在(かんきゅうじざい)…速度などを思うままに操ること。

部首 / 漢字 / 読み

衣 ころも

裂
レツ
さ(く)
さ(ける)

四分五**レツ**の状態。［裂］
政党が**ブンレツ**する。［分裂］

覀 おおいかんむり

覆
フク
おお(う)
くつがえ(す) 高
くつがえ(る) 高

船が**テンプク**する。［転覆］
フクメンをした強盗。［覆面］

言 ごんべん

訂
テイ

辞書を**カイテイ**する。［改訂］
誤りを**テイセイ**する。［訂正］

託
タク

クッタクのない笑顔。［屈託］
タクジ所に預ける。［託児］

詠
エイ
よ(む) 高

和歌を**ロウエイ**する。［朗詠］
絶景に**エイタン**する。［詠嘆］

該
ガイ

ガイハクな知識。［該博］
トウガイ事項の記載。［当該］

誘
ユウ
さそ(う)

安全に**ユウドウ**する。［誘導］
入会を**カンユウ**する。［勧誘］

請
シン 高
セイ
う(ける)
こ(う) 高

許可を**シンセイ**する。［申請］
応援を**ヨウセイ**する。［要請］

諾
ダク

ショウダクを得る。［承諾］
予め**キョダク**を得る。［許諾］

諮
シ
はか(る)

国の**シモン**機関。［諮問］

謀
ボウ
ム 高
はか(る) 高

サクボウを巡らす。［策謀］
ムボウな計画。［無謀］

譲
ジョウ
ゆず(る)

ジョウホを迫る。［譲歩］
土地を**ジョウト**する。［譲渡］

豕 ぶた・いのこ

豚
トン
ぶた

ヨウトン業を営む。［養豚］
ブタニクを調理する。［豚肉］

貝 かい・こがい

貫
カン
つらぬ(く)

終始一**カン**した態度。［貫］
穴が**カンツウ**する。［貫通］

賢
ケン
かしこ(い)

ケンメイな判断。［賢明］
ケングを見分ける。［賢愚］

貝 かいへん

賊
ゾク

カイゾクが船に乗る。［海賊］
トウゾクに襲われる。［盗賊］

四字熟語 四分五裂(しぶんごれつ)… ばらばらに分裂すること。

赤 あか
赦 シャ
ヨウシャなく罰する。［容赦］
シャメンを願う。［赦免］

走 そうにょう
赴 フ おもむ(く)
海外へフニンする。［赴任］

超 チョウ こ(える) こ(す)
時をチョウエツする。［超越］
予算をチョウカする。［超過］

車 くるまへん
軌 キ
経営がキドウに乗る。［軌道］
キセキをたどる。［軌跡］

車 くるまへん
軸 ジク
キジク通貨を用いる。［基軸］
新キジクを打ち出す。［機軸］

辛 からい
辛 シン から(い)
シンボウ強く待つ。［辛抱］
シンクをなめる。［辛苦］

辰 しんのたつ
辱 ジョク はずかし(める) 高
チジョクに耐える。［恥辱］
エイジョクを知る。［栄辱］

酉 とりへん
酔 スイ よ(う)
美にトウスイする。［陶酔］
師匠にシンスイする。［心酔］

酉 とりへん
酵 コウ
米をハッコウさせる。［発酵］
コウボで酒を造る。［酵母］

金 かねへん
鋳 チュウ い(る)
大仏のチュウゾウ。［鋳造］
イガタにはめる。［鋳型］

錯 サク
試行サク誤を重ねる。［錯］
感情がコウサクする。［交錯］

錠 ジョウ
ジョウザイを飲む。［錠剤］
ジョウマエを下ろす。［錠前］

錬 レン
タンレンを積む。［鍛錬］
レンキンジュツ師。［錬金術］

鍛 タン きた(える)
タンレンを重ねる。［鍛錬］

鎮 チン しず(まる) 高 しず(める) 高
暴徒をチンアツする。［鎮圧］
チンツウ剤を飲む。［鎮痛］

鐘 ショウ かね
胸がハヤガネを打つ。［早鐘］
文化財のショウロウ。［鐘楼］

四字熟語 試行錯誤(しこうさくご)…試みと失敗を繰り返し解決策を探ること。

部首 / 漢字 / 読み

もんがまえ 門

閲　エツ
ケンエツを受ける。
写本を**エツラン**する。
［検閲］［閲覧］

ふるとり 隹

隻　セキ
スウセキの船が通る。
師の片言**セキ**句。
［数隻］［隻］

雇　コ　やと(う)
従業員を**カイコ**する。
コヨウ契約を結ぶ。
［解雇］［雇用］

あめかんむり 雨

零　レイ
レイラクの身となる。
レイサイ企業で働く。
［零落］［零細］

あめかんむり 雨

霊　リョウ 高　レイ　たま 高
戦没者を**イレイ**する。
レイホウ富士を望む。
［慰霊］［霊峰］

しょくへん 飠

飽　ホウ　あ(かす)　あ(きる)
暖衣**ホウ**食の現代。
ホウワ状態に達する。
［飽］［飽和］

餓　ガ
大凶作で**ガシ**する。
［餓死］

おおがい 頁

顧　コ　かえり(みる)
カイコ録を執筆する。
会社の**コモン**となる。
［回顧］［顧問］

うまへん 馬

駐　チュウ
ジョウチュウの職員。
駅前の**チュウシャ**場。
［常駐］［駐車］

騎　キ
一**キ**当千の武将。
連戦連勝の**キシュ**だ。
［騎］［騎手］

ほねへん 骨

髄　ズイ
コツズイを移植する。
美の**シンズイ**に迫る。
［骨髄］［神髄］

おに 鬼

魂　コン　たましい
トウコンを燃やす。
レイコンを供養する。
［闘魂］［霊魂］

おに 鬼

魔　マ
通行の**ジャマ**になる。
ビョウマに襲われる。
［邪魔］［病魔］

きにょう 鬼

魅　ミ
聴衆を**ミワク**する。
歌声で**ミリョウ**する。
［魅惑］［魅了］

うおへん 魚

鯨　ゲイ　くじら
海洋で**ホゲイ**する。
ゲイ飲馬食する。
［捕鯨］［鯨］

とり 鳥

鶏　ケイ　にわとり
ケイシャを掃除する。
ケイランを販売する。
［鶏舎］［鶏卵］

四字熟語　一騎当千(いっきとうせん)…一人で多勢を相手にできるほどずば抜けた能力のある者。

試験直前チェック
総まとめ

四字熟語［出る順］ランキング

よく出る順に
総チェック！
赤シートを使って
覚えよう！

	［四字熟語］	［意味］
1	清廉潔白《せいれんけっぱく》	心や行いがきれいで私欲がなく正しいこと。
2	深山幽谷《しんざんゆうこく》	人里離れた静かな自然。
3	日進月歩《にっしんげっぽ》	絶え間なく発展すること。
4	単純明快《たんじゅんめいかい》	はっきりとしていて、わかりやすいこと。
5	立身出世《りっしんしゅっせ》	社会的に高い地位に就いて名を上げること。
6	流言飛語《りゅうげんひご》	根拠のない、でたらめなうわさ。
7	変幻自在《へんげんじざい》	思いのままに変化すること。

	［四字熟語］	［意味］
8	複雑怪奇《ふくざつかいき》	込み入っていて理解しづらく、不思議なこと。
9	器用貧乏《きようびんぼう》	なまじ器用で万事そつなくこなすが一事に専念しないので大成しないこと。
10	千変万化《せんぺんばんか》	さまざまに変化すること。
11	千差万別《せんさばんべつ》	さまざまな種類や違いがあること。
12	四分五裂《しぶんごれつ》	ばらばらに分裂すること。
13	千客万来《せんきゃくばんらい》	代わる代わる多くの客が来て、絶え間がないこと。
14	晴耕雨読《せいこううどく》	田園でのんびりとした生活を送ること。

	［四字熟語］	［意味］
15	馬耳東風《ばじとうふう》	人の言葉を聞き流すこと。
16	博学多才《はくがくたさい》	いろいろな分野の知識があって、才能にも恵まれていること。
17	活殺自在《かっさつじざい》	生かすのも殺すのも思い通りであること。
18	温故知新《おんこちしん》	昔の物事から新しい知識や考え方を得ること。
19	巧言令色《こうげんれいしょく》	巧みに言葉や顔色をつくろうこと。人にこびへつらうこと。
20	円転滑脱《えんてんかつだつ》	物事をそつなく取り仕切る様子。
21	面目躍如《めんもくやくじょ》	世間の評価を上げ、目をひくさま。

22 終始一貫《しゅうしいっかん》
最初から最後まで言動が変わらないこと。

23 日常茶飯《にちじょうさはん》
日常的に起こる、ごくありふれた事柄。

24 古今無双《ここんむそう》
昔から現在に至るまで、比肩するものがないこと。

25 利害得失《りがいとくしつ》
利害と損得。手に入れたものと失ったもの。

26 無我夢中《むがむちゅう》
物事に没頭して自他を忘れるさま。

27 順風満帆《じゅんぷうまんぱん》
物事が順調に進むさま。

28 大胆不敵《だいたんふてき》
度胸があって恐れないこと。

29 試行錯誤《しこうさくご》
試みと失敗を繰り返し解決策を探ること。

30 奮励努力《ふんれいどりょく》
気力を奮い起こして励むこと。

31 孤城落日《こじょうらくじつ》
昔の勢いを失い心細い様子。

32 取捨選択《しゅしゃせんたく》
必要なものを選び取り、不要なものを捨てること。

33 神出鬼没《しんしゅつきぼつ》
すばやく現れたり消えたりすること。

34 炉辺談話《ろへんだんわ》
囲炉裏のそばでくつろいでする、よもやま話。

35 感慨無量《かんがいむりょう》
このうえなく身にしみて感じること。

36 平穏無事《へいおんぶじ》
穏やかで変わったこともなく安らかなこと。

37 油断大敵《ゆだんたいてき》
注意を怠れば失敗を招くという戒め。

38 我田引水《がでんいんすい》
自分に都合よく発言したり行動をとったりすること。

39 一喜一憂《いっきいちゆう》
状況により喜んだり心配したりすること。

40 緩急自在《かんきゅうじざい》
速度などを思うままに操ること。

41 破顔一笑《はがんいっしょう》
顔をほころばせてにっこり笑うこと。

42 古今東西《ここんとうざい》
昔から今まで、ありとあらゆる場所。いつでもどこでも。

43 意気揚揚《いきようよう》
得意で誇りに満ちた様子。

44 前後不覚《ぜんごふかく》
物事が区別できなくなるほど意識をなくすこと。

45 本末転倒《ほんまつてんとう》
物事の大本になることと、そうでないことを間違えて理解すること。

46 一部始終《いちぶしじゅう》
物事の始めから終わりまでの全部。

47 急転直下《きゅうてんちょっか》
事態が急に変化して物事が解決すること。

48 失望落胆《しつぼうらくたん》
希望を失って、非常にがっかりすること。

四字熟語	意味
49 得《とく》意《い》満《まん》面《めん》	物事がうまくいって、いかにも誇らしげなさま。得意げな顔つき。
50 臨《りん》機《き》応《おう》変《へん》	時と場合により適切に対応すること。
51 前《ぜん》途《と》有《ゆう》望《ぼう》	将来に向けて望みがあること。
52 不《ふ》老《ろう》長《ちょう》寿《じゅ》	いつまでも老いることなく長生きすること。
53 因《いん》果《が》応《おう》報《ほう》	行いの善悪に応じて報いが現れること。
54 空《くう》前《ぜん》絶《ぜつ》後《ご》	以前にも以降にも同じ例が見られないような、きわめて珍しいこと。
55 行《こう》雲《うん》流《りゅう》水《すい》	自然に逆らわず、物事にこだわらないで成り行きに任せて行動すること。
56 自《じ》暴《ぼう》自《じ》棄《き》	やけになり、将来の希望を捨てること。
57 適《てき》者《しゃ》生《せい》存《ぞん》	環境に合ったものだけが生き残ること。

四字熟語	意味
58 明《めい》朗《ろう》快《かい》活《かつ》	明るくほがらかで、元気な様子。
59 笑《しょう》止《し》千《せん》万《ばん》	このうえなくばかばかしいこと。たいそう気の毒なさま。
60 電《でん》光《こう》石《せっ》火《か》	動作などが非常にすばやいこと。
61 起《き》死《し》回《かい》生《せい》	危機的な状況から勢いを盛り返すこと。
62 離《り》合《ごう》集《しゅう》散《さん》	別れたりいっしょになったりすること。
63 異《い》体《たい》同《どう》心《しん》	体は別であっても、心は同じということ。
64 自《じ》画《が》自《じ》賛《さん》	自分のことを自分でほめること。
65 三《さん》寒《かん》四《し》温《おん》	寒い日が三日、その後に暖かい日が四日続く状態が繰り返される冬の気候。
66 名《めい》論《ろん》卓《たく》説《せつ》	優れた立派な議論や意見。

四字熟語	意味
67 独《どく》断《だん》専《せん》行《こう》	ひとりで勝手に決めて行動すること。
68 意《い》気《き》衝《しょう》天《てん》	意気込みがたいへん盛んなこと。
69 大《たい》器《き》晩《ばん》成《せい》	大人物は大成するのに年月を要し、後年になって頭角を現すということ。
70 公《こう》私《し》混《こん》同《どう》	公的、私的の物事の区別がないこと。
71 一《いっ》件《けん》落《らく》着《ちゃく》	物事が解決すること。
72 刻《こっ》苦《く》勉《べん》励《れい》	苦労してひたすら努力を積むこと。
73 単《たん》刀《とう》直《ちょく》入《にゅう》	前置き抜きにすぐ本題に入ること。
74 天《てん》衣《い》無《む》縫《ほう》	自然で飾りけがないこと。
75 暗《あん》雲《うん》低《てい》迷《めい》	何事かが起こりそうな前途不安な状態が続くさま。

部首［出る順］ランキング

	［漢字］	［部首（部首名）］
1	窒	穴（あなかんむり）
2	赴	走（そうにょう）
3	翻	羽（はね）
4	欧	欠（あくび）
5	企	人（ひとやね）
6	閲	門（もんがまえ）
7	房	戸（とだれ）
8	衝	行（ぎょうがまえ）
9	墨	土（つち）
10	逮	辶（しんにょう）
11	乏	ノ（の）
12	葬	艹（くさかんむり）
13	殴	殳（るまた）
14	帝	巾（はば）
15	吏	口（くち）
16	髄	骨（ほねへん）
17	厘	厂（がんだれ）
18	超	走（そうにょう）
19	宴	宀（うかんむり）
20	尿	尸（かばね）
21	虚	虍（とらがしら）
22	匠	匚（はこがまえ）
23	封	寸（すん）
24	卓	十（じゅう）
25	卸	卩（わりふ）
26	喫	口（くちへん）
27	虐	虍（とらがしら）
28	卑	十（じゅう）
29	克	儿（ひとあし）
30	辱	辰（しんのたつ）
31	癖	疒（やまいだれ）
32	郭	阝（おおざと）
33	膨	月（にくづき）
34	冠	冖（わかんむり）
35	遂	辶（しんにょう）
36	藩	艹（くさかんむり）
37	疾	疒（やまいだれ）
38	掌	手（て）
39	暫	日（ひ）
40	孔	子（こへん）
41	敢	攵（のぶん）
42	蛮	虫（むし）
43	慕	㣺（したごころ）
44	魔	鬼（おに）

よく出る順に
総チェック！
赤シートを使って
覚えよう！

著者
岡野秀夫　おかの ひでお
システムコンサルタント。中央省庁のWEBサイト、都市銀行のインターネットバンキング、携帯電話会社の基幹システム、大手文具通信販売サイトなど数多くのシステム開発プロジェクトに参画する一方、最新の教育理論を取り入れ効率的な記憶学習を実現したe-learning(パソコン上での学習)システムを独自に開発。漢字検定のほか英語検定、運転免許学科試験、宅建、行政書士など各種資格試験の学習コンテンツを無料公開し、多くの個人・法人から支持されている。
〈著書〉
『5時間で合格！漢検２級[超頻出]ドリル　改訂版』『同準２級』『英検®でる単　２級』『同準２級』『同３級』『同４級』『同５級』（高橋書店）

【漢字検定・漢検WEB練習問題集】　URL　http://www.kanjihakase.com/

※「漢字検定」「漢検」は、公益財団法人 日本漢字能力検定協会の登録商標です。

※字体や部首の採点は、日本漢字能力検定協会発行の『漢検　漢字辞典』『漢検要覧　2～10級対応』に示すものを正解とする漢検の基準に従っています。

受検をお考えの方は、必ずご自身で公益財団法人 日本漢字能力検定協会の発表する最新情報をご確認ください。
ホームページ：https://www.kanken.or.jp/kanken/
【試験に関する問い合わせ】
・ホームページ（問い合わせフォーム）：**https://www.kanken.or.jp/kanken/contact/**
・電話：**0120-509-315**

5時間で合格！
漢検3級[超頻出]ドリル　改訂版

著　者　岡野秀夫
発行者　高橋秀雄
編集者　根本真由美
発行所　**株式会社 高橋書店**
〒170-6014 東京都豊島区東池袋3-1-1 サンシャイン60 14階
電話　03-5957-7103
ISBN978-4-471-27563-1　©TAKAHASHI SHOTEN　Printed in Japan

定価はカバーに表示してあります。

本書の内容についてのご質問は「書名、質問事項（ページ、内容）、お客様のご連絡先」を明記のうえ、郵送、FAX、ホームページお問い合わせフォームから小社へお送りください。
回答にはお時間をいただく場合がございます。また、電話によるお問い合わせ、本書の内容を超えたご質問にはお答えできませんので、ご了承ください。本書に関する正誤等の情報は、小社ホームページもご参照ください。

【内容についての問い合わせ先】
書　面　〒170-6014 東京都豊島区東池袋3-1-1 サンシャイン60 14階　高橋書店編集部
ＦＡＸ　03-5957-7079
メール　小社ホームページお問い合わせフォームから　(https://www.takahashishoten.co.jp/)

【不良品についての問い合わせ先】
ページの順序間違い・抜けなど物理的欠陥がございましたら、電話03-5957-7076へお問い合わせください。ただし、古書店等で購入・入手された商品の交換には一切応じられません。